明日から使える
『学び合い』の達人技術

三崎 隆 著

大学教育出版

は じ め に

　あなたは、『学び合い』を知っていますか？

　「『学び合い』というのは聞いたことはあるけど、見たことない」

　「見たことあるけど、やったことない」

　「ちょっとやってはみたけど、うまくいかない」

　「ずっとやってるけど、行き詰まっている」

　はたして、どのタイプでしょうか？

　『学び合い』が学び合いと発音がそっくりなので、見たりやったりしたことがなくても、「ああ、それなら聞いたことがある」という人も多いのではないでしょうか。

　今、アクティブ・ラーニングの追い風に乗って、全国に『学び合い』が驚くほど急速に広まっています。それは、『学び合い』の考え方による授業（本書では、これを『学び合い』授業と呼ぶことにします）では、子どもたち全員が一人残らず能動的な学修をします。それによって、子どもたちがミラクルに激変する、学力がめきめき上がる、人間関係があっという間に改善されてQUテストが100％になる、外国籍の子どもたちが安心して学べる、いじめや不登校がなくなる、誰からも相手にされない子どもが一人もいなくなる等々、数え切れないほどの魅力があるからです。

　では、『学び合い』とはいったいどのようなものなのでしょうか？

　『学び合い』とは、一人も見捨てられない教育の考え方です。指導方法や指導技術ではありません。考え方さえ享受できれば、誰でも十分な成果を上げることができます。要は、子どもたちを信じて本気で任せられるかどうかが肝なのです。

　しかし、『学び合い』の考え方を享受したからとは言っても、初めて『学び合い』に取り組む人にとってはやはり授業をするまでにはステップ・アップしていくコツを知りたいのは山々だと思います。

2

　全国に急激に広まりつつある今、『学び合い』成功のコツを習得しないまま、本を読んで形だけを見よう見まねでやったり、"『学び合い』は教師が教えない授業"だからと言って半ば放任のようにして実践したりすることによって、本に書いてあるような成果が上がらないとあきらめてしまったりよりいっそう誤解してしまったりすることが懸念されます。

　それは、『学び合い』でしなければならないことをしなかったために、見かけだけの『学び合い』授業に終わってしまって、真の『学び合い』授業に至らなかったことに他なりません。真の『学び合い』授業にするためには、テクニックが必要なのです。やはり、肝があります。

　そこで、本書では、『学び合い』をやってみたいと思っている人やどうやったらうまくできるのか（どうやったら、見かけの『学び合い』授業から抜け出せるのか）と悩んでいる人の支えになるために、真の『学び合い』授業にするために誰もが必ず成功できる 26 の達人技術を紹介します。

　第 1 章では土台づくりの 6 つの達人技術、第 2 章では目標づくりの 6 つの達人技術、第 3 章では授業中の 8 つの達人技術、第 4 章では評価の時の 6 つの達人技術です。

　この本を読んで、やってみたいという思いを持ったその時こそ、一人も見捨てられない共生社会の実現に向けて、真の『学び合い』授業を成功させるための挑戦を一緒に始めましょう。

　本書が学校現場でゼロから『学び合い』を学びたいと思っている人たちや挑戦してみて悩んだり困ったりしている人たちの羅針盤になるならば、これほど嬉しいことはありません。

2016 年 7 月 10 日

筆者

明日から使える『学び合い』の達人技術

目　次

はじめに ……………………………………………………………… 1

序章　真の『学び合い』授業が、ここにある ……………………… 7

第1章　真の『学び合い』授業にするための土台づくりの6つの達人技術
………………………………………………………………………11

　1.『学び合い』の文化を育む学級づくりのテクニック　12

　2.子どもを信じて任せる『学び合い』の学級づくりのテクニック　16

　3.『学び合い』の授業観を育む学級づくりのテクニック　18

　4.『学び合い』の学校観を育む学級づくりのテクニック　20

　5.子どもたちに考えさせる文化を育む学級づくりのテクニック　22

　6.みんなができるためにだれもが動ける文化を育む学級づくりのテクニック　26

第2章　真の『学び合い』授業にするための目標づくりの6つの達人技術
………………………………………………………………………29

　1.子どもたちに誤解されず、何をさせたいのかがすぐに伝わる『学び合い』教師の良い目標づくりのテクニック　30

　2.「みんな」を求め、みんなができることを求める『学び合い』教師の目標づくりのテクニック　32

　3.答えを覚えさせたい場合の『学び合い』教師の目標づくりのテクニック　34

　4.答えを覚えさせたくない場合の『学び合い』教師の目標づくりのテクニック　36

　5.具体的な合格基準（ゴール）を決めておく『学び合い』教師の目標づくりのテクニック　38

　6.『学び合い』教師の授業前の指導案づくりのテクニック　40

目　次　5

第3章　真の『学び合い』授業にするための授業中の8つの達人技術 … 43

1. 目標を示す時の『学び合い』教師のぶれない本気のテクニック　44

2. 活動に入る前に、評価方法、評価時期、評価規準を提示する『学び合い』教師のテクニック　46

3. 活動に入る前に、活動時間を確保する『学び合い』教師のテクニック

48

4. 活動に入る前に、活動時間をきちんと決めて、一度決めたら延長しない『学び合い』教師のテクニック　50

5. 活動中の『学び合い』教師の立ち位置のテクニック　52

6. 活動中の『学び合い』教師の可視化のテクニック　54

7. 活動中の『学び合い』教師のほめ方のテクニック　56

8. 活動中の『学び合い』教師の「みんな」を求めるテクニック　64

第4章　真の『学び合い』授業にするための評価の時の6つの達人技術 … 69

1. 評価の時に、まとめを子どもたちに任せる『学び合い』教師のテクニック　70

2. 評価の時の『学び合い』教師の評価の仕方のテクニック　78

3. 評価の時に、子どもたちに全員で評価結果を確認させる『学び合い』教師のテクニック　82

4. 評価の時に、子どもたちにリフレクションさせる『学び合い』教師のテクニック　86

5. 評価の時に、「みんな」を求める『学び合い』教師のテクニック　90

6. 評価の時に、目標としての「みんなができる」が達成できなかったときの次の一手を講じる『学び合い』教師のテクニック　92

あとがき …………………………………………………………………………… 96

序　章

真の『学び合い』授業が、ここにある

8

『学び合い』は考え方ですが、どのような考え方なのかを最初に確認しておきましょう。

『学び合い』は、誰一人として見捨てられることのない共生社会の実現を目指す、一人も見捨てられないことを大切にする教育の考え方です。
そのために、次の3つの考え方を共有します。
○子ども観：子どもたちは有能であるという考え方
○授業観：教師の仕事は目標の設定、評価、環境の整備を行うことで、教授（子どもから見れば学習）は子どもに任せるという考え方
○学校観：学校は多様な人と折り合いをつけて自らの目標を達成する経験を通して、その有効性を実感し、より多くの人が自分の同僚であることを学ぶ場であるという考え方

一人も見捨てられない共生社会の実現に向けた、子どもたちがお互いに一人も見捨てられない集団づくりの教育の実践が『学び合い』です。

ちまたに多く見られる教育論、指導技術の建前論とは違って、この3つの考え方が当人の腑に落ちているかどうか、納得しているかどうか、それも本気でやろうという覚悟ができているかどうかが、真の『学び合い』授業にできるかどうかの成否に決定的な影響を与えます。

つまり、『学び合い』は、子どもたちがお互いに一人も見捨てられないことを目指した3つの考え方が腑に落ちて、それを、

本気で、

一貫して、

ぶれずに、

ずっと自分自身で持ち続け、子どもたちに対して常に求め続ける強い意志を持つことが肝と言えます。

それでは、『学び合い』授業は、いったいどのような展開になるのでしょうか？

小学校第2学年の授業を例に、見てみましょう。

いかがですか？

『学び合い』授業は、目標を示して、子どもたちに任せて、評価してリフレ

序章　真の『学び合い』授業が、ここにある　9

①子どもたちに対して目標（課題、めあて）を示す。
　※必ず、授業の最初（活動前）に出す。

②「はい、どうぞ」と子どもたちに活動を任せる。

③任せたら、じゃましない。すると、子どもたちは一緒に考え出す。

④あちこちで自由に説明し合う。

⑤残り時間がどのくらいかを知らせる。みんなができているかどうかが大切。

⑥みんなが目標達成したかどうかを評価してみんなで確認して、リフレクション（振り返り）をする。
※必ず、評価してみんなで確認した後に、リフレクション（振り返り）をする。

クションするだけです。
- ・活動前に目標を出すこと
- ・活動を任せたら、しゃべりすぎないこと
- ・残り時間を知らせること
- ・みんなで評価結果を確認すること
- ・必ず、リフレクション（振り返り）をすること

　これらの順番を間違えず、やらずに飛ばしてしまうことなく、5つをやり遂げることが、見かけ倒れに終わることなく、真の『学び合い』授業として誰もが必ず成功に導く達人になるための第一歩です。

　一人も見捨てられない集団を育てるぞ！　という『学び合い』の考え方をしっかり持って、本書で紹介する 27 の達人技術を身につけさえすれば、誰でも必ず成功間違いありません。そうなればあなたも、もう『学び合い』の達人です。

第1章

真の『学び合い』授業にするための土台
づくりの6つの達人技術

1. 『学び合い』の文化を育む学級づくりのテクニック

● 『学び合い』は授業づくりと学級づくりを教科の時間に行う教育

　『学び合い』は授業づくり（教科指導）と学級づくり（人間関係づくり）を教科の時間に同時に行う教育です。ですから、『学び合い』では授業をしながら学級づくりを同時にしていくことになります。なぜ、教科の授業の時間に、学級づくりを同時に行うのでしょうか？

　理由は3つあります。

　1つは、運動会や合唱コンクールで学級づくりをした人ならよく分かると思います。運動会や合唱コンクールではとても盛り上がりますが、終わったとたんに元の木阿弥です。せっかく、運動会を通してクラスの団結力や協力性が高まったのに、いつもの授業になったら元に戻ったという経験はあるでしょう。

　人間関係づくりに直結する学級づくりは運動会のようなイベントを通してだけでなく、日常的に常に続ける必要があるからです。それも、毎日行われる教科の授業の中で続けていくことが大切なのです。

　2つ目は、人間関係ができていない人同士が関わり合うきっかけとなるものは、同じ目的、目標を共有したときなのです。たとえば、運動会では優勝という目標を掲げてみんなでがんばります。普段、あまり話をしたことのない友だちとも優勝という目標を一緒にもつことによって団結しますし、協力もしようと思って話をし始めます。教科の授業の場合、それがその授業での教科の目標の達成となります。その目標を全員で達成することを目指すことによって、普段話をしない人との会話が始まるきっかけが自然に生まれます。

　そして3つ目は、そのクラスの中で誰が相手にされていないのかがはっきり分かるからです。子どもたちが自由に動き始めると、誰とも話ができない子が見えてきます。その子が、その授業の内容がよく分からない子であったら、最後まで救われません。

　表面的に仲良くしたフリはできるのですが、授業の目標が達成したかどうかはフリをしているだけでは解決できません。子どもたちが自分で考えて自由

第1章 真の『学び合い』授業にするための土台づくりの6つの達人技術　*13*

に行動する『学び合い』授業では、そのクラスの人間関係を評価しやすいのです。

● 「30年後の未来の君たち」を語ること

　土台づくりの最初のテクニックは、「30年後の未来の君たち」を語ることです。それが、『学び合い』の目的に直結するからです。

　学級担任でしたら、日常的に起きるさまざまな教育現象に対して、その都度、対処して指導することはできるでしょうが、「30年後の未来の君たち」を語ることはなかなかできません。『学び合い』をやろうと決めた時にしかできないことです。

　語るタイミングは、どの時間帯でもかまいません。学級活動の時間で結構ですし、朝の会や終わりの会のときでも OK です。教科の時間でも OK です。5分以内の語りで十分です。自分自身の言葉で語ることです。

【教師の語りのテクニック（例）】

教師：「先生は君たちに、30年後の未来にどんな人になっていてほしいと思っていると思う？」

子どもたち：「30年後？」

教師：「そう。先生は、小学校や中学校の時のことで覚えているのは、自分が困ったときに友だちがどうしてくれたかとか友だちが困ったときに自分がどうしたかとかいうことかな。特に、部活動の時に自分たちが3年生になったときは、みんなで平等にやろうと誓い合ったことはよく覚えてるなあ。

　　　ねえ、考えてみようよ。

　　　たしかに勉強は大切だと思うよ。でも、大切なのは勉強だけかなあ。先生が今、話したように、30年後になってみると、小学校の時や中学校の時に勉強したことって、案外覚えてないなあ。だから、それよりももっと大切なことがあるように思うんだ。

　　　それは、考え方の違う友だちや下級生、周りの人たちとどんなふうに付き合っていくのかという折り合いの付け方をどんなふうにして学

ぶのかということが 30 年以上経った今でも心に残っているんだね。

だって、考えてみようよ。自分とまったく同じ人なんてこの世に一人もいないんだよ。みんな違って当たり前なんだ。顔かたちはもちろん、好きな食べ物も好きな洋服も、考え方も生活習慣も何もかも違ってて当たり前なんだ。そんな、自分と違っていて当たり前の人達とどうやったら一緒に、それも仲良く幸せに付き合っていけるんだろう。どう？

先生が、30 年後の未来の君たちに大切にしてほしいことは、人を見かけだけで判断しないで、たとえどんな考えや生活習慣を持っている人であったとしても、すべての人と分け隔てなく公平に接し、一人も見捨てられないように折り合いをつけて仲良く生活していってほしいってことなんだ。

考えてみようよ。

今話したことは、30 年後の誕生日になったらその日にすぐにできるようになることかなあ。先生は自分のことを考えたら、そうは思わないなあ。

やっぱり、小さい時から、そう、今の君たちの頃から、毎日、どうやったらできるのかを考えながら行動して、少しずつ積み上げていくことで初めてできるようになるんじゃないかなあって、先生思うんだよ。

だから、毎日の教科の時間でも大切にしてほしいことなんだけどなあ。みんながそういうことを考えてやってみようよ」。

● 『学び合い』の目的を自分の言葉で語ること

『学び合い』は、一人も見捨てられない教育の考え方です。その目的は完成された人格を持ち、平和で民主的な国家及び社会を形成できる人を育成することです。つまり、30 年後の未来に、次のような人として活躍できる人材を育てることです。

○人権と自由、平等を大切にし、それをすべての人と分かち合うことのできる人

第1章　真の『学び合い』授業にするための土台づくりの6つの達人技術　*15*

○事実を見て自分で考え判断し、責任ある行動をすることのできる人

○すべての人の文化を寛容に受け止めることのできる人

○人種、皮膚の色、性、言語、宗教、政治的意見その他の意見、国・種族・社会的出身や地位、経済状況、心身の障碍、出生状況、困窮状況のいかんにかかわらず差別したり分け隔てしたりしない人

（拙著「これだけは知っておきたい『学び合い』の基礎・基本」から引用）

　ですから、これを「30年後の未来の君たち」として子どもたちに語ることなのです。

　ただ、先ほどの「教師の語りのテクニック」をそのまま暗記して一言一句そっくり語っても仕方がないことです。「ぶれない考え」と「一貫した本気」で、それを子どもたちに対して卒業まで求め続けることの方が大切です。子どもたちは、「人」を見て判断しますから、すぐに見破られてしまいます。

〈真の『学び合い』授業へのキーポイント〉

「30年後の未来の君たち」を語ること！

2. 子どもを信じて任せる『学び合い』の学級づくりのテクニック

● みんなは、授業の時に分からなくなったらどうする？

　「みんなには学ぶ力、教える力があるのだから、先生はそれを信じて任せる。実は、教えるってことは本当によく分かるコツなんだ」ということを語ることが、『学び合い』の土台づくりのテクニックです。語るタイミングは、いつでも短くて（2～3分程度）もかまいません。自分自身の言葉であれば良いのです。必要に応じて繰り返し語ります。

【教師の子ども観を語るテクニック（例）】

教師：「みんなは授業の時に分からなくなったら、どうする？」

子どもたち：「調べる」

教師：「そうだよね。でも、考えてみようよ。調べたら、どんなことでも分かるようになるかなあ。教科書を読んでいて分からなくなったときはどうしたらいいかなあ」

子どもたち：「誰かに聞く」

教師：「そうだよね。じゃあ、もう一つ考えてみようよ。
　　　　いつ聞いたらいいんだろう。授業が終わってから聞けばいいのかなあ。授業が終わってしまったら、何が分からなかったのかさえ、忘れちゃわない？」

子どもたち：「忘れちゃう」

教師：「そうだよね。それじゃあ、分からないまま終わっちゃうから、困っちゃうよね。
　　　　考えてみようよ。どうしたらいいんだろう。みんなならどうする？先生がみんなだったらどうするかなあ。そうだなあ、分からなくなったそのときに一番聞きやすい友だちに聞くかなあ。
　　　　どう？　授業っていうのは、分からなくなったらそのときに、『教えて』とか『一緒に考えようよ』とか、自由に聞いていいんだよ。先生にいちいち断る必要なんかないんだよ。

第1章　真の『学び合い』授業にするための土台づくりの6つの達人技術　*17*

　だって、みんなにはもともと『分かるようになりたい』って気持ちがあって、そのためになんとかしようっていう力があるんだから。分からなくなったら、それを発揮すればいいだけなんだから。

　考えてみようよ。勉強って分からないからするんじゃないかなあ。最初から分かってる人なんていないんだ。だから、今分からなくても、最後に分かっていたらいいだけなんだよ。それに、途中で間違ったってそれも当たり前だと思うなあ。だって、最初から完璧な人なんていないんだから。だから、途中で間違っても、最後に分かってたらいいだけなんだよ。

　だから、そのときに分からなくたって途中で間違っていたって不思議じゃないし、かえってそれが普通なんじゃないかなあ。だから、分からなくなったらいつでも聞いていいんだよ。

　そうそう、周りの友だちから『教えてよ』って頼まれたら、教えてあげていいんだよ。みんなには、教えてあげる力もあるんだから。実は、教えることっていうのは、自分が本当によく分かるための大切なコツなんだ。だから、教えるって自分の勉強になるんだなあ。

　どう？　学ぶっていうことは、そういうことなんだよ。

　これからは、授業の時は、みんなが勉強が分かるようになるために自分はどうすればいいのかを考えて行動していいんだよ。みんなはそれができるから、先生はそれを信じてるよ」。

〈真の『学び合い』授業へのキーポイント〉

　誰にでも学ぶ力、教える力があるから、それを信じて任せることを語ること！

3. 『学び合い』の授業観を育む学級づくりのテクニック

● 授業で先生から教えてもらうと、クラスの全員が分かるかなあ？

授業は自分で考え判断しながら学んでいくものであることを語ることが、『学び合い』の土台づくりのテクニックです。

語るタイミングは、いつでも短くて（2〜3分程度）もかまいません。自分自身の言葉であれば良いのです。必要に応じて繰り返して語ります。

【教師の授業観を語るテクニック（例）】

教師：「みんなは授業ってどんなものだと思う？」

子どもたち：「先生に教えてもらうもの」

教師：「そうだよね。

でも、考えてみようよ。

先生に教えてもらって、クラスの全員が分かるかなあ？ 先生はみんなと同じくらいの時に、先生に教えてもらったけど、よく分からなくて友だちに聞いたり参考書を買ってきたりした覚えがあるなあ。

みんなはどう？ 授業って、先生に教えてもらうよりも、一番聞きやすい友だちに教えてもらった方が分かりやすかったりしないかなあ。それにさあ、一番話を分かってくれる友だちがいたりしてさあ。そんな友だちに教えてみると、もの凄くよく分かってくれて嬉しかったりしたことないかなあ。

授業って、分かりやすく教えてくれる友だちから教えてもらったり、もの凄くよく分かってくれる友だちに教えてあげたりして、クラスの全員が分かるようになるものじゃないかなあって、先生思うんだなあ。

ところでさあ、授業を受けるときに『いったい、今日は何が分かればいいんだろう？』って思うとき、ないかなあ。

考えてみようよ。

それって、授業を受けるときに困らない？ だって、今日、何やったらいいか分からないまま、先生の言うことをしてるだけじゃない？ 何

第1章　真の『学び合い』授業にするための土台づくりの6つの達人技術　*19*

をやったらいいのか分からないまま、ただ『がんばれ』って言われてるのに似てないかなあ。

　もう一つ、考えてみようよ。みんなは、どんなときにやる気が出てくるかなあ。先生なら、何かをやろうとしたときに何をどれだけいつまでにやったらいいかが分かる時がもの凄くやる気が出てくるなあ。

　だから、授業って、『今日何をやればいいんだろう？』っていう疑問に対する答えとなるような、今日やらなければならない目標が最初に出て、最後にクラスの全員がその目標をやれたかどうかを確かめるものじゃないかなあって、先生思うんだ。

　だから、目標が出たら、自分で考えて、これが一番だって思う方法を自分で判断して、動いていいんだよ。

　一番聞きやすい友だちのところに行ったり一番分かってくれる友だちのところに行ったりしてみんなで協力し合ってやっていいんだよ。そのとき、大切なのは、一人も見捨てられない集団になるためにみんなが目標ができるように助け合うことだよね。どう？　わかってくれたかなあ。

　授業というのは目標が出て、それをみんなができるようになるために、自分には何ができるかを考えて行動しながら、みんなで助け合ってやるものなんだよ」。

〈真の『学び合い』授業へのキーポイント〉

　授業は自分で考え判断し、友だちの所に行って聞いたり教えたりしながら学ぶものであることを語ること！

4. 『学び合い』の学校観を育む学級づくりのテクニック

● みんなは、学校に何のために来てるのかなあ？

　学校は、みんなと折り合いをつけながらチーム・プレイで学ぶところだと語ることが、『学び合い』の土台づくりのテクニックです。

　語るタイミングは、どの時間帯でもかまいませんし、短くて（2〜3分程度）かまいません。授業観を語るテクニックと同様、自分の心の中から出てくる自分自身の言葉で語れば良いのです。必要に応じて、繰り返して語ります。

【教師の学校観を語るテクニック（例）】

教師：「みんなは、学校に何のために来てるのかなあ？」

子どもたち：「勉強するため」

教師：「そうだよね。でも、考えてみようよ。

　　　　みんなが今勉強していることって、30年後も覚えてるかなあ。実はね、先生、よく思うんだけど、今振り返ってみると小学生や中学生の頃に勉強した内容って、全然思い出せないんだ。情けないけど」

子どもたち：「えーっ、覚えてないの？」

教師：「そうなんだ。でも、考えてみようよ。

　　　　みんなだって、1年前に何を勉強したか、覚えてるかなあ？　思い出せる？

　　　　思い出せることもあるだろうけど、忘れてることの方が多いんじゃないかなあ。先生とおんなじだと思うけどなあ。

　　　　それに、みんながみんな、どの教科も得意ってわけじゃないんじゃないかなあ。先生にも不得意な教科があるからね。

　　　　得意な教科だからと言って、さっきも言ったけど、何を勉強したかなんて、もう覚えてないんだ。不得意な教科もおんなじさ。30年も経つと、不得意なところは得意な友だちに頼むから不自由はしないんだ。

　　　　だって、考えてみようよ。

　　　　勉強だったら、一人でもできるんじゃない？　どう？

じゃあ、どうして学校に来るのかなあ？

　先生はね。学校に来る理由は、もっと大事なことを学ぶためなんじゃないかと思うんだ。

　それはね、世界にはいろんな人たちがいることは分かるよね。世界中の人たちはみんな違ってて当たり前で、考え方や習慣がいろいろの人たちと一緒にいるんだから、そういう人たちから遠慮なく力を借りるってことがとても大切なんじゃないかなあ。

　だから、違っていて当たり前の人たちと折り合いを付けながら、分からないことや分かったことを一緒に考えて、初めてのことを一緒にやり遂げる力を学ぶところだと思うんだなあ。

　困ったときに助けてもらえる力、困っている人がいたら何をおいてでも助けてあげる力を持っていて、チームとして仕事のできる人が、実は 30 年後には認められる人なんだよ。

　先生は 30 年後にみんなにそんな人になっていてほしいと願っています。

　そう考えると、学校というところはみんな違っていて当たり前の人が集まって、初めてぶつかる一つの目標をみんなが達成できるように一人も見捨てられないようにチーム・プレイで学んでいくところだって言えそうだね」。

〈真の『学び合い』授業へのキーポイント〉

　学校は、みんなと折り合いをつけながらチーム・プレイで学ぶところだと語ること！

5. 子どもたちに考えさせる文化を育む学級づくりのテクニック

● 子どもたちを信じ、任せ、考えさせて、子どもたちを評価する

　子どもたちに考えさせる文化を育む学級づくりの肝として大切にすべきことは、

　　・子どもたちの力を信じること

　　・信じたら、「していいんだよ」と子どもたちに任せること

　　・子どもたちに任せたら、「考えてみようよ」と子どもたちに考えさせること

　　・子どもたちが考え判断して行動を起こしたら、それを評価すること

です。

● みんなに促したい行動を褒めるときのテクニック

　子どもたちの考えた結果として表れた行動を褒めること、それも、その子のところに行ってその子個人に言うのではなく、クラス全員に向かって、聞こえない子が誰もいなくなるような少し大きめの声で語りかけることがコツです。

　子どもたちの褒めたい行動を見つけたときに語る際は、次のように語ります。

【教師が促したい行動を見つけた時の褒め方のテクニック】

(例1)　「今、みんなができるために動いていた人がいたぞ。自分のことだけでなく、みんなをサポートするために行動できたってことが素晴らしいことだね。

　　　　誰にでもその力があるんだから、みんなも遠慮せずにやっていいんだよ」

(例2)　「今、○○さんがみんなができるために△△さんのところにいって教えてあげてたぞ。一人も見捨てられない集団になるためには、とても大切なことだね。

　　　　誰にでもその力があるんだから、クラス全員がそんなふうにやって

第1章　真の『学び合い』授業にするための土台づくりの6つの達人技術　*23*

いいんだよ。そうなると嬉しいなあ」

　授業の最後の評価の時に語る際は、次のように語ります。

【教師が促したい行動を評価する時の褒め方のテクニック】

（例）「（1）今日の授業で、嬉しいことがありました。

　　　（2）みんなができるために動いてくれていた人が（たくさん）いたことです。

　　　（3）考えてみようよ。

　　　（4）どうして先生はうれしいんだろう。先生はいつも、一人も見捨てられない集団になれるように、授業ではみんなができるようになるために、考えて行動しようって言ってるよね。それを、今日の○○さんや△△さんや□□さんは（あるいは今日のみんなは）、自分で考えて行動できていたということだからね。

　　　（5）みんなはどう思う（みんなはどう感じてる）？

　　　（6）先生は、クラスの全員が一人残らずそのように考えて行動できるようになるといいなあと思っています。

　　　（7）だって、みんなには、みんなができるようになるためにどうしたら良いか考えて行動できる力があるんだから。

　　　（8）次の時間も、みんなができるためにもっとこうやればいいんじゃないかなあって自分で考えたことを、遠慮せずどんどんやっていいんだよ」。

● 褒めるときの要領は？

　褒めたい行動は、次の要領で子どもたちに伝えます。

（1）嬉しかったことを伝える。

（2）嬉しかった事実を伝える。

（3）「考えてみようよ」と、考えてほしいことを伝える。

（4）なぜ嬉しかったのか、その理由を伝える。

（5）みんなはどう考えるのかを伝える。

（6）教師がどのようなことを期待しているのかを伝える。

24

(7) みんなができるためにはどうしたらよいかを考える力が全員持っていることを伝える。

(8) 「次の時間もやっていいんだよ」と、次の時間も考えて行動して OK を伝える。

● 気になる行動を注意したいときのテクニック

一方、授業中に気になる行動が現れたら、次のように語ります。

【教師が気になる行動を改善させたい時のテクニック】

(例)「(1) 先生、どうも気になるなあ。

(2) (具体的な事実をあげて。たとえば) ○○さんが今日は目標達成できなかったんだけど、先生ずっと見てたけど、どうも誰も「一緒に考えよう」って助けてあげようとしてなかったように見えたがなあ。

(3) 考えてみようよ。

(4) 先生はいつも、一人も見捨てられない集団になれるように、授業ではみんなができるようになるために、考えて行動しようって言ってるよね。

その点から考えると、今日のみんなの行動はどうかなあ。

(5) みんなはどう思う (みんなはどう感じてる) ?

(6) 先生が気になるってことは、みんなの中にも気になって気づいている人がいるはずなんだけどなあ。

それを、誰も注意できないってことも、気になるなあ。

(7) みんなには、みんなができるようになるためにどうしたら良いか考えて行動できる力があるはずなんだがなあ。

(8) みんなができるためにはどうしたらいいのか、もっとこうやれば良くなるんじゃないかとか、もっとこうすればいいんじゃないかなあとか、自分で考えたことがあったら、遠慮せず、どんどんやっていいんだよ」。

〈真の『学び合い』授業へのキーポイント〉

キーワードは「～していいんだよ」と「考えてみようよ」！

6. みんなができるためにだれもが動ける文化を育む学級づくりの
   テクニック

● 日頃から、みんなができるために動く行動を褒めること

　『学び合い』を誰がやっても必ず真の『学び合い』授業にする土台づくりとしての学級づくりのテクニックは、みんなが目標達成できるために自分にできることをするためにサポートに動くことが大事だということを語ることです。

　そのために、給食の時のように学校生活の中での日頃の場面の中で、全員が目標達成するために動いた場面があったら、時間をおかずそのときに褒めることです。『学び合い』の土台づくりに必要な、ぶれずに一貫してすべき必須のテクニックです。

　たとえば、普段、誰とも話をしない子がいたとします。その子が分からなくて困っていたら、ある子が近づいていって話をして、その子の分からなさを解決してあげることができたとします。教師は、その場面を見逃さずに、次のように、その行動を褒めます。

【教師が見つけたその時に褒めるテクニック】

教師：「今、○○さんが、みんなができるために「一緒にやろう」って動いてくれて、□□さんを助けてあげてたぞ。素晴らしいね。

　　　教えてもらおうとした□□さんも素晴らしいし、教えてあげてた○○さんも素晴らしいね。

　　　考えてみようよ。

　　　みんなならどう思うかなあ。

　　　先生が□□さんのようにしてもらったら、嬉しいなあ。今度、○○さんが困ったときには、絶対に真っ先に助けてあげようと思うだろうなあ。

　　　みんななら、どう思う？

　　　先生と同じように思える人が増えてくれると、先生は嬉しいなあ。

　　　先生には、きみたち全員に○○さんのような、みんなができるため

に助けてあげようとする力があると信じてるんだけどなあ。

　みんながそうやって困っている人を助けてあげてくれたら、あっという間に全員ができちゃうなあ。そうなったら、クラスの中に困ったことなんかなくなっちゃうなあ。そうなると、先生は嬉しいなあ。

　だから、みんなも遠慮なく、『一緒にやろう』ってやっていいんだよ」。

みんなが目標達成できるために動いている様子を褒めることで、「先生はみんなができるために動くことを勧めてるんだなあ」という意思が子どもたちに対して直接伝わります。一人の子のその行動を褒めると、1人目の子の取った行動に対して行った教師の言動を見て、2人目の子が考え、「やってもいいんだな」と判断します。

　その結果、1人目の子と同じように、みんなができるために行動を起こします。そうなると、3人目、4人目が現れるのは必然です。

　それは同じ場面からもしれませんし、まったく異なる別の場面かもしれません。別の場面で起きたら、絶好のチャンスです。

　日常的にそのようにすることによって、一人も見捨てない『学び合い』の考え方の文化が自然に創り上げられていくのです。それが土台づくりのテクニックです。

〈真の『学び合い』授業へのキーポイント〉

　普段の学校生活の中で、みんなができるために動いてくれた行動を褒めること！

第2章

真の『学び合い』授業にするための目標
づくりの6つの達人技術

1. 子どもたちに誤解されず、何をさせたいのかがすぐに伝わる『学び合い』教師の良い目標づくりのテクニック

● 素晴らしい目標は必要ない。誤解されない目標で十分。

　良い目標をつくるコツは、子どもたちに誤解されないものにすることに尽きます。素晴らしい目標は必要ありません。

　子どもたちが誤解する典型的な表現は、「様子」や「特徴」です。子どもたちからは必ず、「様子って何？」とか「特徴って何を書けばいいんですか？」と聞かれます。聞かれなかったとしたら、誤解されていると思って間違いありません。

　たとえば、小学校第3学年理科の授業の目標として、「全員が、昆虫の特徴を説明することができる」と設定したとします。「特徴」を「つくり」に換えたとしても迷いはとれません。ここで言う「特徴」というのは、いったい何を答えたら良いのでしょうか？

　教師の考えている「特徴」と子どもたちのとらえた「特徴」がずれているとしたら、「特徴」が子どもたちに誤解されたまま伝わってしまうことになります。「特徴」を子どもたちに誤解されないためには、どのような特徴を学ばせたいのかをはっきりと示すことです。

　たとえば、からだのつくり、足の数、足の出ているところの3つの観点から説明させたいのならば、次のようにします。

　　・全員が、昆虫の特徴を、からだのつくり、足の数、足の出ているところについて説明することができる。

● 「やれそうだ」と思わせる目標にすること

　良い目標をつくるコツの2つ目は、出したとたんに子どもたちが夢中になるものにすることです。

　夢中になるためには、ちょっとがんばれば自分にもできそうだし、みんなもできそうだと思わせる目標をつくることです。それは、教師が子どもたちに対

して何をさせたいのかがよく伝わる目標と言えます。

　そのためには、帰納的に答えを見つけ出すような目標よりも、演繹的に答えの理由を考え出す目標の方がお薦めです。帰納的に答えを見つけ出させる目標は、往々にして何をさせたいのかが子どもたちに伝わらないからです。

　国語で説明文を段落に分ける目標をつくるときに、「全員が３つの段落に分け、その理由を説明することができる」とする場合があります。一見、良さそうに見えるこの目標も、子どもたちにとってはあまり良い課題ではありません。答えを知っているのは教師だけで、子どもたちにとっては答えが見つけられないからです。分からない答えを見つけるよりも、分かっている答えの理由を探す方が夢中になります。

　この目標で実際に授業を始めると、子どもたちは答えを見つけようとして活動を始めますが、結局、自分の段落の分け方と友だちの段落の分け方が異なっていて、答えが見つけられずに終わってしまいます。

　そんなときは「全員が○ページ○行と○ページ○行で３つの段落に分けるべき理由を、３人に納得してもらえるように200字以内で書くことができる」とすることです。子どもたちは、なぜその場所で段落に分けられるのかを、夢中になって考え始めます。

　どうしても、帰納的に答えを見つけ出す目標にせざるを得ない場合には、教師の期待する答えを１部用意し、黒板に貼っておくことです。

〈真の『学び合い』授業へのキーポイント〉

　特徴や様子という言葉を使うときはもっと具体的に。結論からなぜそうなるのかを導き出させる目標が子どもたちを夢中にさせる。

2. 「みんな」を求め、みんなができることを求める『学び合い』 教師の目標づくりのテクニック

● 目標の中に「全員が」や「みんなが」の主語を入れる

『学び合い』授業では、目標の中に必ず、「全員が」「みんなが」という主語を使います。クラスの目標として、一人残らず全員が目標を達成することを求めるからです。「みんな」を求める原動力です。

やってみると分かりますが、クラスの中の一人残らず全員が目標を達成することというのは、実に難しいことです。

それでは、クラスの全員が達成できるような目標はどのようにしてつくったら良いのでしょうか。

まず第2に、いちばん早く目標を達成できる子どもたちがおよそ10分〜15分くらいで達成できる目標にすることです。一般に、単位時間の中で子どもたちに活動を任せることのできる時間は30分〜35分です。その教科や教科の内容が苦手な子どもたちが目標を達成するためには20分以上はかかります。まして、分からない子が一人もいなくなるためには30分前後は必要です。

そのように考えると、その教科の得意な子が20分以上かけなければ目標を達成できないようなものであれば、クラスの全員が目標を達成することなど、お手上げです。

その教科の得意な子が10分〜15分で目標を達成することができれば、その後の活動時間の残りの時間を上手に使って、目標を達成できずに困っている何人もの子どもたちのサポートを順番にしていくことが可能となるからです。誰からどうやってサポートしていったら良いかを、自分で考えるようになります。

● これだけは外せないという1つの目標に絞る

そのためには、①達成させたい目標を一つに絞ること、それも、②「この授業ではこれだけは外せない。絶対に譲れない」という真に必要なものだけに焦

第2章　真の『学び合い』授業にするための目標づくりの6つの達人技術　*33*

点を絞り、あれもこれもと欲張らないことです。

　授業の内容が分かることは特効薬です。それは何も、子どもたちだけに言えることではありません。学ぶ立場の者であれば、年齢を問わず言えることです。まして苦手な子にとっては言うまでもありません。

　授業の内容が分かったり目標達成できたりすると、楽しくなってもっと挑戦してみたくなるものです。それが次の学びへの意欲を高め、やる気を起こします。普段、授業の内容が分からなくてつまらなくしていた子どもたちが、目を輝かせて生き生きと学び始めるのが、そんな瞬間です。

　一方、授業の内容が分からなかったり目標達成できなかったりすると、楽しくありませんしもうやりたくなくなるものです。学びの意欲が減退し、興味は全く違うところに向かってしまいます。その教科が好きな子にとってさえもそうなのですから、分からない子にとってはもう致命的です。

　不思議なことに教師も「この授業で絶対に譲れないもの1つ」に焦点を絞ると、子どもたちに対して「これだけは絶対に全員に達成させねば」という強い願いを持つに至ります。それが「みんな」を求める原動力となるのです。「みんな」を求める原動力が強ければ強いほど、子どもたちに対して真剣に対峙しようとしますから本気になれるのです。

〈真の『学び合い』授業へのキーポイント〉

　得意な子が10分くらいで終わるような、これだけは外せないという目標1つに絞ること！

3. 答えを覚えさせたい場合の『学び合い』教師の目標づくりのテクニック

● 目標で求めたパフォーマンスを評価でもそのまま求めること

『学び合い』授業では、目標を達成できたかどうかを、子どもたちに具体的に表現させて評価します。

たとえば、算数・数学のような問題を解かせる作業を伴う教科の場合、実際に問題を解かせて答えを求めさせます。国語や社会のような事象に対する考えをまとめさせて表現させる作業を伴う教科の場合、書かせて表現させたり語らせて説明させたりします。音楽、図画工作や美術、体育や保健体育、家庭科や技術・家庭のようなパフォーマンスを伴う教科の場合、実際にパフォーマンスすることを求めます。

したがって、ここで言う答えというのは、子どもたちが目標を達成したときに表現する説明等の言語表現、演奏・演技・作品等のパフォーマンス、数値等による問題の解答等を指します。

答えをそのまま表現・体現させたかったりする場合の目標づくりの肝は、実際にパフォーマンスできるかどうかをさせてみることです。

音楽、図画工作や美術、体育や保健体育、家庭科や技術・家庭のようなパフォーマンスを伴う教科の場合には、目標で求めたパフォーマンスを評価の時にもそのまま求めるのです。

たとえば、小学校の第4学年体育で、「全員が、後方片膝かけ回転ができる」という目標を提示したら、その目標が全員達成できたかどうかを評価することになります。したがって、全員が後方片膝かけ回転ができるようになったかどうかを、実際に鉄棒を使ってさせてみて評価することです。

国語の漢字、英語の単語、理科の元素記号等も同様です。たとえば、「全員が、元素記号を 10 個覚えることができる」と目標設定し、覚えたかどうかを何も見ず誰にも聞かずに表現させて評価することです。

● 相手を意識させて、その相手に伝えるように表現させること

一方、国語や社会のような、見つけた答えを覚えさせたい目標を提示することの多い教科の場合の肝は、相手を意識させて、その相手に自分が理解したり習得したりしたものを伝えるようにアウトプットさせる表現にすることです。

この場合の"相手"は、クラスの友だちでもかまいませんし、学年に複数学級があるようでしたら、同じ学年の隣のクラスでもかまいません。下の学年の後輩となる子どもたちに対して説明できるように表現させることもできます。あるいは、他の学校の子どもたちや地域の方々でもかまいません。誰を相手に説明することを求められているのかに応じて、子どもたちは求められた"相手"に対して、どのようにしたらより良く分かってもらえるのかを考えながら、説明の仕方を工夫するようになります。

たとえば、中学校第2学年社会の単元「武士の台頭と鎌倉幕府」（全4単位時間）の第3時の目標を、「全員が、武士と民衆がどのような生活をしていたのかについて、クラスの友だちによく分かってもらえるように分かりやすく、自分の言葉で説明することができる」とします。子どもたちは友だちにどうやって説明しようかと考えながら学びます。

〈真の『学び合い』授業へのキーポイント〉

答えを覚えさせたい時は、目標達成できたかどうかをそのまま評価したり相手を意識させてアウトプットさせたりすること！

4. 答えを覚えさせたくない場合の『学び合い』教師の目標づくりのテクニック

● 同じ文脈で数値だけを変えて、活動前に伝えること

　一方、答えをそのまま表現させたくない場合があります。

　その代表が、算数・数学です。「全員が、○ページの問題1の答えを出すことができる」という目標を設定して授業に臨んだ場合、"問題1"の答えだけを覚えて終わってしまわれては困るからです。

　答えを覚えさせたくない場合の目標づくりの肝は、次の3点を必ず厳守することに尽きます。

---

　① 　同じ文脈で評価すること
　② 　数値だけを変えて評価すること
　③ 　活動前に伝えること

　同じ文脈で評価するというのは、目標として示されている式ないしは文章を同じものを使って評価するということです。文言は一切変更せず、そのまま使います。私たちの能力が文脈に依存していることがよく知られていることに依ります。

　数値だけを変えて評価するというのは、目標として示されている式ないしは文章に使われている数値だけを、違う数値に変えて評価するということです。それも、大幅な数値の変更ではなく、目標として使われている文脈の意図を損ねることなく変更することです。

　そして、活動前に伝えるとういことは、子どもたちが目標の達成に向けて活動を始める前に伝えることです。活動中や活動が終わって評価の時に伝えるのでは意味がありません。必ず、活動に入る前に誤解のないように伝えることが必須のテクニックです。

　たとえば、小学校第2学年の算数で「"みかんが15こあります。何こか買ってきたので、ぜんぶで32こになりました。買ってきたみかんは何こですか？"

のしきと答えを、全員が出すことができる」という目標を設定したとします。

この場合、式が32-15=17で答えが17個となります。「32-15=17」と「17個」だけを覚えてしまって終わりにしてしまわれるようでは困るでしょう。文章問題からの立式と解答を本当に理解しているのかどうかを判断できないからです。判断できないとなると、全員が目標を達成したかどうかを評価する基準が揺らいでしまいかねません。

そこで、この目標を子どもたちに示した直後に、評価では数値を変えて目標が達成できたかどうかを確認することを告げることです。

その意味では、目標を「"みかんが15こあります。何こか買ってきたので、ぜんぶで32こになりました。買ってきたみかんは何こですか？"の問題の数値を変えても、しきと答えを全員が出すことができる」とすることがお薦めです。

最初に存在したみかんの個数の数値だけを変えたり全部のみかんの個数だけを変えたりするのか、それとも両者の数値を変えるのかも、活動に入る前に子どもたちに知らせてあげることが肝要です。

前者の場合、たとえば「みかんが□こあります。何こか買ってきたので、ぜんぶで32こになりました。買ってきたみかんは何こですか？」と評価することを伝えます。一方、後者の場合、「みかんが□こあります。何こか買ってきたので、ぜんぶで□こになりました。買ってきたみかんは何こですか？」と評価することを活動前に伝えるのです。

〈真の『学び合い』授業へのキーポイント〉

答えを覚えさせたくない場合には、同じ文脈で数値だけを変えて評価することを、必ず活動前に子どもたち全員に伝えること！

5. 具体的な合格基準（ゴール）を決めておく『学び合い』教師の目標づくりのテクニック

● 目標と子どもたちの学びと評価は、必ず一体化する

　授業は、目標と子どもたちの学びと評価が一体化するのが基本です。教師が目標を出すと、その目標の達成に向けて子どもたちが学び、その目標が達成できたかどうかをみんなで評価するからです。

　つまり、目標を出すということは、教師の期待する目標が達成された様態、すなわち教師の期待する目標を達成した合格基準を考えておかなければならないということです。合格基準とは子どもたちにとってはその授業のゴールということとなります。

　そこで、『学び合い』授業の課題づくりの肝は、子どもたちに対して答えとして示すことのできる合格基準をつくることが、目標をつくる上で極めて重要になるのです。

　その意味では、合格基準をつくってからそれに整合するような目標をつくることがコツであるとも言い換えることができます。目標を出したはいいけれども、子どもたちの活動の様子を見ながら合格基準をその場で決めていくなどということはもってのほかです。

　たとえば、国語ではよく「感想を書くことができる」や「○○に対する自分の考えを書くことができる」という目標が出されることがあります。一見、良さそうに見えるこの目標も、子どもたちにとっては自己評価できる目標とは言い難いものです。いったい、どんな感想や考えを書いたら合格できるのかが分からないからです。

　そこで、たとえば、「感想を150字から200字で書くことができる」とします。そうすれば、「おもしろかった」では8字にしかなりませんから、「150字にするためにもっと書かなければならないなあ」と自己評価できます。

　次に、教師が書かせたいものがあるとしたら、それを目標に入れることです。たとえば、物語文ならば、どこがどのようにおもしろいのか、それはなぜ

なのかを書かせたいならば、「この物語のおもしろさについて、どこがどのようにおもしろいのかを、そのように考えたわけと一緒に、150字から200字で書くことができる」とします。

そしてもう一つ、相手を意識させることです。

誰に伝えたいのかを入れるのです。たとえば、「この物語のおもしろさについて、まだ読んだことのない人に分かってもらえるように、どこがどのようにおもしろいのかを、そのように考えたわけと一緒に、150字から200字で書くことができる」とします。

● 子どもたちが自己評価できないものは NG ！

『学び合い』は目標を達成したかどうかを自己評価できない目標は NG です。自己評価できなければ、自分を含めてだれが目標達成したのかを判断しようがないからです。

そこで、具体的にした目標に加えて、目標を達成したときの合格基準や合格ラインとなる教師の期待する答え（回答例）を1部用意して黒板に貼っておくことです。

子どもたちが自分で答え合わせをしたり、分からなくなって困ったりしたときに、自由に見ることができる環境を整えることが大切なことです。

〈真の『学び合い』授業へのキーポイント〉

誰が評価しても同じ結果となるような具体化した目標にすること！ 教師の期待する答えを1部黒板に貼っておくこと！

6. 『学び合い』教師の授業前の指導案づくりのテクニック

● クラス全体の目標と評価規準と教師の期待する答えが必須！

　『学び合い』の学習指導案を作るときのテクニックは、次の３つを必ず書くことです。

　①　クラス全体の目標を書くこと

　②　評価規準を書くこと

　③　児童（または生徒）の反応の欄に、目標に対する教師の期待する答えを記入すること

　教師の期待する答えが必要なのは、教師自身が本時の目標に対する評価の判断基準（合格基準、合格ライン）を、授業前に明確に持つことが極めて重要だからです。したがって、③を書くことによって、子どもたちがどのような様態になったらOKなのかについての教師の考えを、『学び合い』授業に臨む前にしっかり整理し固めることができます。これが、真の『学び合い』授業にするための必須のテクニックです。

　一方、指導と評価が一体化しますから、「3 本時の目標」と②とまとめは整合します。これ以外の項目は、『学び合い』の学習指導案は同じ形式を取ります。『学び合い』は、目標達成のための最善の方法を子どもたち自身が考え判断し、選択、行動することに依ります。

　右の学習指導案は、私の『学び合い』ライブ出前授業の時のものです。学習指導案中の「3 本時の目標」が個人に達成を求める目標（個人レベルの評価）であり、「本時の展開」中の「目標」がクラス全体の目標（クラスレベルの評価）です。

　〈真の『学び合い』授業へのキーポイント〉

　クラス全体の目標と教師の期待する答えを必ず書くこと！

第 2 章　真の『学び合い』授業にするための目標づくりの 6 つの達人技術　*41*

小学校第 5 学年算数『学び合い』学習指導案（略案）

授業者　私たちの『学び合い』研究室

1　単元名　「いろいろな三角形・四角形の面積」（全 13 単位時間）
2　本時の位置（第 8 時）
　前時　教科書 p.11 の⑦と④の問題を解くことができる。
　次時　教科書 p.12 のつばささんのやり方とみらいさんのやり方を使って、ひし形の面積の求め方に
　　　　ついて、クラスのみんなによく分かってもらえるように分かりやすく、自分の言葉で説
　　　　明ことができる。
3　本時の目標
　　教科書 p.12 のつばささんのやり方とみらいさんのやり方を使って、台形の面積の求め方について
　　、クラスのみんなによく分かってもらえるように分かりやすく、自分の言葉で説明ことができ
　る。
4　指導上の留意点
・児童が選択した探究方法が実現できるよう支援する
・目標、評価規準を示し、『学び合い』の考え方に基づいて児童の有能性を信じて、児童の学習状況
　を情報公開する。
5　本時の展開

段階	学習活動	予想される児童の反応	指導援助、評価	時間	備考
導入	・本時の目標を理解する。（1）	・『これまで勉強したことをどのように使えばよいのだろうか』	・本時の目標と評価規準を示す。	3	・液晶プロジェクタ
	目標：全員が、教科書 p.12 のつばささんのやり方とみらいさんのやり方を使って、台形の面積の求め方について、クラスのみんなによく分かってもらえるように分かりやすく、自分の言葉で説明ことができる。				
	・目標達成のための方法を考え、本時の手立てを理解する。	「どのように考えたらよいのだろう。」 「みんなで助け合ってやろう」	・自分にとって最も良い方法で探究することを促す。 ・手立てを示す。	2	
展開	手立て：みんなで助け合いながら（みんなに自分の考えを聞いてもらったり、みんなから考えを聞かせてもらったりしながら、あるいは考えのまとまらない人は考えのまとまった人に考えをまとめるこつを教えてもらったり、考えのまとまった人は考えのまとまらない人に考えをまとめるこつを教えてあげたりしながら）、みんなが目標達成できるようにやってみよう。				
	・目標達成するために相談しながら探究する。 ・分からない人はこつを見つけた人に聞きながら、分かった人はこつを伝えながら調べる。	（3） ・「2 つの三角形に分けて考えました。6×4÷2＝12、3×4÷2＝6、12＋6＝18」 ・「2 つ合わせて平行四辺形にして考えました。(6＋3)×4÷2＝18 または (3＋6)×4÷2＝18」	・全員に情報公開した方が良い追究をしている児童、あるいは発見をした児童を可視化する。 ・他との関わりがあった場合には褒め、さらなる関わりを促す。 ・立ち歩きを促す。	30	・資料を教卓に置く
まとめ	・目標を達成する	・教科書 p.12 のつばささんのやり方とみらいさんのやり方を使って、台形の面積の求め方について、クラスのみんなによく分かってもらえるように分かりやすく、自分の言葉で説明する。	（2） 〈評価規準〉 教科書 p.12 のつばささんのやり方とみらいさんのやり方を使って、台形の面積の求め方について、クラスのみんなによく分かってもらえるように分かりやすく、自分の言葉で説明ができる。	10	

第3章

真の『学び合い』授業にするための授業
中の8つの達人技術

44

1. 目標を示す時の『学び合い』教師のぶれない本気のテクニック

● 一度示した目標は、授業の途中で変更しないこと

一度示した目標はどんな理由があっても途中で変更しないことです。

変更しないということには2つの意味が含まれています。

一つは後出しじゃんけんのように、後から次から次へと加えていかないことです。もう一つは、出し過ぎたかもしれないからと言って、授業の途中で減らさないことです。

いずれも、子どもたちの様子を見ながら、授業の途中で変更することは一番避けなければならないことです。授業の冒頭に示す目標というのは、その授業でクラスの全員に達成してほしいゴールに相当するものとして設定するからです。

子どもたちの学習状況に応じてそれを変更するということは、教師としてその授業で子どもたちに対していったい何をさせたいのか、どのようなゴールに導きたいと考えているのかが疑問となってしまいます。

その意味では、途中で変更することのない目標を設定することが、目標を示すときの重要なテクニックであると言えます。もっと言えば、単元のすべての授業の目標は、その単元の一番最初の授業の時に一覧表にして配りますから、単元すべての授業の目標も途中で変更することのないように作ることが重要だということです。

目標が簡単すぎると思ったとしても、それは教師の思い込みであって実際に活動が始まってみると、分からない子どもたちにとっては分かるまでにはなかなか苦労するものです。

ですから、たとえば10分ほどでクラスの中のすべての子どもたちが「みんなができたよ、先生!」と言ったら、鵜呑みにせずに、確実にみんなができるような取組に一歩進めてあげるような言葉かけをすることです。

目標づくりのテクニックで練りに練った目標が簡単すぎるなどということは決してありません。

第3章　真の『学び合い』授業にするための授業中の8つの達人技術　45

　子どもたちが、そんなに早くみんなができたと主張するのは、できたと思い込んでしまっていることが多いものです。本当に分かった、できたというのは、周りの友だちに対して分かったことやできたことを何も見ないで誰にも聞かないで説明してあげることができることです。

　それを子どもたちに伝えることです。

【教師のぶれない本気の語りのテクニック】

子どもたち：「先生、みんなできた！」

教師：「えっ、もうみんなできたの？　まだ、○分もあるよ。大丈夫なの？　先生はいつも、みんなができることが大切だと言ってるよね。

　　　考えてみようよ。

　　　みんなができたかどうかを、みんなはどうやって確かめたのかなあ。

　　　みんなができたかどうかを確かめるには、みんなに聞いてみないとだめなんじゃないかなあ。やってみたかなあ。

　　　それにさあ、自分ができたかどうかって、どうやって確かめたのかなあ。伝言ゲームの要領でやってみたかなあ。

　　　このクラスにはそういうことのできる人がいっぱいいるんだけどなあ。遠慮せずにみんなで協力してやっていいんだよ」。

　肝は、たとえみんなが目標を達成しなかったとしても途中で目標を付け加えて、増やさないことです。

〈真の『学び合い』授業へのキーポイント〉

　一度出した目標は、後から加えない、途中で減らさないこと！

2. 活動に入る前に、評価方法、評価時期、評価規準を提示する『学び合い』教師のテクニック

● 目標の次は、評価方法と評価時期と評価規準を示します

　目標を無事に提示し終わったら、次に子どもたちに示すのは、目標を全員が達成したかどうかをどうやって教師が確かめようとしているのか、です。

　それには、評価の方法と評価する時期（時刻）と評価規準の３つがあります。この３つを、目標を示した直後に、忘れずに子どもたち全員に示します。評価方法と評価時期と評価規準の３つを、分からない子が誰もいなくなるように示すことがコツです。

　繰り返しますが、この３つを示すのは、くれぐれも子どもたちが活動に入る前です。それが、活動に入る前の『学び合い』教師のテクニックです。示し忘れてしまって授業の途中で示したり授業の間中示さなかったりすることのないように気をつけましょう。

　途中で変更することも避けます。途中で変更されると、子どもたちは変更された時点からもう一度活動を最初からやり直さなければならなくなるからです。

● 何をどれだけやって、いつどうやって評価されるのかが分かる

　子どもたちにとって、

　評価方法は、「どうやって評価されるのか」を知る情報です。

　評価時期は、「いつ評価されるのか」を知る情報です。

　評価規準は、「何をどれだけやればよいのか」を知る情報です。

　評価方法によって「どうやって評価されるのか」が分かりますから、その方法で力を発揮できるように、同じ方法で力だめしをしたり友だち同士で問題を作って出しあって練習したり等々を、自分で考えて行動できるようになります。

　評価時期によって「いつ評価されるのか」が分かりますから、時間配分の

見通しが立ちます。どのくらいの時間をかけて調べたら良いのか、何分くらい経ったら答え合わせをしなければならないのか、残りどのくらいの時間で困っている人を助けに行ったら良いのか等々を、自分で考えて行動できるようになります。

　そして、評価規準によって「何をどれだけやればよいのか」が分かります。そのことで、何をどれだけやれば目標を達成できるのかを理解したり自分の目標の達成状況を自己評価したりできます。周りの友だちの目標の達成状況を相互評価して判断することもできます。子どもたちはいろいろと自分で考えて行動することができるようになります。

　『学び合い』は子どもたちが自分で自己評価できる授業ですから、評価規準があっても自己評価できないようなものならば致し方ありません。その場合、子どもたちが答え合わせできるようなものに作り替えるか、教師の期待する答えを1部用意して黒板に掲示しておくか、いずれかの方法を取る必要があります。

　活動に入る前に、評価方法、評価時期、評価規準ないしは教師の期待する答えを示すことが、子どもたちに対して自分で考え、判断し、行動を起こさせるきっかけを与え、子どもたちの主体的な学びを生起させるのです。

〈真の『学び合い』授業へのキーポイント〉
　評価方法、評価時期、評価規準を活動前に必ず示すこと！

3. 活動に入る前に、活動時間を確保する『学び合い』教師のテクニック

● 活動時間を30分確保し「○時○分までです」と語ること

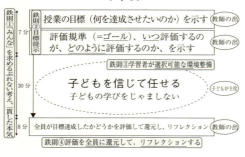

　『学び合い』授業では、子どもたちの有能な力を信じて活動を任せます。したがって、子どもたちに任せる活動時間をたっぷりと確保することが望ましいです。ここでいうたっぷりというのは、分からない子どもたちが目標を達成するまで十分に活動できる時間という意味です。その活動時間としては、30分が必要です。

　左上の図は、小学校での『学び合い』授業の基本的な構造を表しています。

　目標を出して、評価方法、評価時期、評価規準を示すのに7分です。子どもたちに活動を任せる時間を30分取ります。そして、活動に入る前に「活動時間は○時○分までです。○時○分になったら、みんなができたかどうか確認します」と語ります。

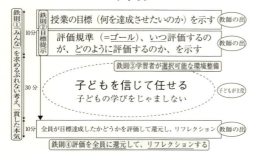

　そして、目標を全員が達成できたかどうか評価して、その結果を全員で確認し後、リフレクションする時間を8分取ります。

　左下の図は、中学校の場合を表していますが、基本構造は小学校と全く同じです。

　30分を切って、子どもたち

の活動時間が少なくなればなるほど、クラス全員の目標達成は難しくなってしまうことを、忘れずに頭の中に入れておくことです。

このように考えると、小学校でしたら、授業の冒頭に目標を示して評価方法、評価時期、評価規準を説明するのに5分を当てたら、授業最後の評価を10分以内に治めるのがテクニックです。授業の冒頭で10分を使ってしまったら、授業の最後に評価する時間は5分程度となってしまいます。

その意味においては、目標や評価方法、評価時期、評価規準についてしゃべりすぎないことが大切なテクニックとなります。

そのためには、目標や評価方法、評価時期、評価規準については模造紙等に書いておいて黒板に貼っておくことも有効なテクニックの一つです。単元の一番最初の授業の時に、その単元の授業のすべての目標を一覧表にして印刷し、子どもたちに配付しておくと良いでしょう。

そして、子どもたちの活動が始まったら、残りの活動時間をカウントダウンしていきます。コツは、「残り時間はあと何分か」を、分からない子が誰もいない状況をつくることです。体育の授業で使うような大きいタイマーを使うと便利です。

いかがですか？

『学び合い』の達人になるために発想の転換が必要です。

45分（中学校の場合は50分）の間に子どもたちの活動時間としては10分あれば良いという発想から、45分（中学校の場合は50分）の間に教師の話す時間は10分あれば良いという発想への転換です。

〈真の『学び合い』授業へのキーポイント〉

活動時間30分を確保し、「活動時間は○時○分までです」と語ること！

4. 活動に入る前に、活動時間をきちんと決めて、一度決めたら延長しない『学び合い』教師のテクニック

● 活動終了時刻を告げたら、途中で変更はしないこと

　子どもたちの活動時間を〇時〇分までと決めたら、決して延ばさないことです。たとえ、子どもたちが活動を終了していなくても、子どもたちから「時間が足りないから、もっとください」と懇願されても、そこはグッとこらえて絶対に時間を延長しないのがテクニックです。

　授業時間は無限にあるわけではありません。限られた活動時間の中で、どのようにしたら一人も見捨てられずにみんなが目標を達成できるのかを考え、判断し、行動することを求めることが重要です。

　子どもたちは、30 分の活動時間の中で、どのくらいの時間を自分で考える時間に使ったら良いのかを考えながら目標の達成に向かうことができるようになります。

　また、分からなそうにしている子のところにどのくらい経ったら行けば良いのかを考えて、いつ行動を起こしたら良いかを判断して行動を起こすことができるようになる子どもたちが現れます。さらに、分からなそうにしている子が分かるようになるにはどのくらいの時間が必要なのかを考えながら行動を起こすことができるようにもなります。

　さらに、一度延ばしてしまうと「なあんだ、先生は頼めば延長してくれるんだ。それなら、まじめにやらなくてもなんとかなるか」という言外のメッセージを子どもたちが受け取ってしまうことになります。「あのとき、いいって言ったのに、なぜ今回はダメなの？」と詰め寄られかない事態も招きます。

　延長すれば、クラスの中の子どもたちすべてが目標を達成するのでしょうか？　どれだけ延長しても、分からない子にとっては分からないものです。分からない子にとっては時間が分からなさを解決してくれるというものではありません。

　延長したいという子どもたちの要求をどうしようかと考えるよりも、限られ

第3章　真の『学び合い』授業にするための授業中の８つの達人技術　*51*

た時間をどうやったら有効に使うことができるのかを、子どもたちに考えさせることの方が有益です。

　分かる時というのは、何かきっかけがあるのです。『学び合い』授業では、そのきっかけをごちゃごちゃの中でのより多くの友だちとの情報交換が有用的に与えてくれます。ですから、子どもたちから時間を延長してほしいという声が出てきたら、次のように語ることです。

【教師の活動時間を延ばさない語りのテクニック】

教師：「活動時間は、○時○分までです。○時○分になったら、みんなができ
　　　たかどうか確認します。時間の延長はありません。

　　　　だって、考えてみようよ。

　　　　時間が限りなくたくさんあれば、みんなができるのかなあ。

　　　　先生なんか、時間がいくらあっても分からないときは全然分からな
　　　いけどなあ。分かる時って、ふとしたきっかけなんじゃないかなあ。

　　　　どうやればそのきっかけに出会えるか、みんなには十分考えられる
　　　と思うけどなあ。今、分からなくたっていいんだよ。だって、○時○
　　　分までに、そのきっかけに出会えたらいいんだから。○時○分までに
　　　分かるようになっていたらいいんだよ。

　　　　きっかけになりそうだって思うことを自分で考えついたら、遠慮せ
　　　ずにどんどん始めていいんだよ」。

　○時○分までと決めたら、途中で変更せず、時間内にみんなができるよう工夫させることが重要なテクニックです。

〈真の『学び合い』授業へのキーポイント〉

　活動時間を決めたら延長せず、時間を有効に使わせること！

5. 活動中の『学び合い』教師の立ち位置のテクニック

● 子どもたちの活動の全体を見ることのできる位置に場所をとる

　運動会を思い出してください。どの競技でも、遠くから見ていると全体がよく見えます。全体としてみるとどこがどんなふうになっているとか全体のバランスの調整の必要性とか、いろいろと見えてきます。

　しかし、その競技に参加しないまでも近づいてみると、自分の近くの子どもたちだけはよく見えますが、全体がどうなっているのかは分からなくなります。いわゆる、木を見て森が見えない状況です。

　『学び合い』授業では、全体を見る必要があります。

　どの子が誰とも話せずに困っているのか、どの子とどの子とが関わっているのか、どのグループが活発に活動していてどの子どもたちが取り残されているのかを適切に把握して、それをクラスの全員に情報として教えてあげる必要があるからです。

　子どもたちはその情報を基にして、グループをつくったり解消したりしながら、全員が目標達成できるためにはどうしたら良いかを考えて行動するのです。

　ですから、立ち位置は、①教室の中でクラス全員の活動を把握できる場所であればどこでも OK です。加えて、②時間経過を同時に把握できる立ち位置であれば申し分ありません。左の写真では、教室の左後ろの隅に立ち位置を確保している様子が分かります。

　この授業では、子どもたちがネーム・プレートを使用し、目標が達成できたらそれを裏返して達成状況を把握していましたから、③そのネーム・プレートの状況も把握できる立ち位置で見事でした。

　子どもたちの活動中、教師は一定の場所に留まっている必要はなく、子どもたちの活動の状況に応じて移動して OK です。四隅だけに位置取りする必要

第3章　真の『学び合い』授業にするための授業中の8つの達人技術　*53*

もありませんが、四隅だと子どもたちの活動を注視する上で、死角ができにくいので都合が良いのです。その意味では、死角のできない位置に立っているのがベターと言えます。

● 机間指導したときには、一歩引いて叫ぶこと

　活動中は、机間指導してもかまいません。ただし、分からなくて困っている子や気になる子のところに留まっていると、先ほどのようにクラス全体の状況を的確に把握できなくなる心配が生じます。

　ですから、机間指導したときには、

　・子どもたちと一定程度の距離を保つこと、

　・一カ所に留まらないこと、

　・教えたい気持ちをグッとこらえて、その子どもたちの様子をクラスの全員に分かるように一歩引いて情報発信すること、

に心がけることです。

　困っている子どもたちを救う行為は、子どもたち（集団）に任せるのです。距離を保つことで、目標を終えた子の手を引っ張って無理矢理、その子たちのところに連れて行くことも避けることができます。

　つまり、個別に教えることは教師がするのではなく、集団としての子どもたちに任せるという発想の転換が必要です。

〈真の『学び合い』授業へのキーポイント〉

　クラス全体の子どもたちの活動を把握できる場所に立つこと！

6. 活動中の『学び合い』教師の可視化のテクニック

● 『学び合い』では誰がどんな様子かみんなが知っている

　『学び合い』授業で大切なことは、誰が目標を達成したのか、誰が分からなくて困っているのかを知らない子が誰もいない状況をつくることです。

　誰が分かったのかあるいは誰ができたのかが分かれば、分からなくて困っている子がその子のところに行って教えてもらおうと考えて、行動を起こすことができるからです。

　一方、誰が分からなくて困っているのかが分かれば、目標が達成できた子がその子のところに行って教えてあげようと考えて、行動を起こすことができるからです。

　そのためには、どの子ができていてどの子が分からなくて困っているのかを、クラスの全員に知らせる必要があります。それも、リアルタイムでそれらのすべての情報が全員に開示されることが必要なのです。つまり、教師が指導する発想から、子どもたちに情報を提供して任せるという発想への転換が必要です。

　『学び合い』の考え方が子どもたちに十分伝わっていれば、それらのことを子どもたち自身が自分で考え判断し、行動として現し始めます。そうなったら、教師は、子どもたちが考え判断し、行動したことをじゃましないことです。

　しかし、『学び合い』を始めたばかりの頃やまだ十分に『学び合い』の考え方が子どもたちに伝わっていない場合には、教師がその代役を務めることになります。

　そこで、○○さんが目標をやり終わって答えができているということや、△△さんが分からなくて困っているということなどを、クラス全員に対して、聞こえない子が誰もいないように少し大きめの声で伝えます。

　『学び合い』授業が初めての人にとっては、「叫ぶ」という表現の方が、どのような行為を取るのかという疑問を解決する意味では分かりやすいかもしれません。

第3章 真の『学び合い』授業にするための授業中の8つの達人技術　55

たとえば、次のように語るのです。

【教師の可視化の語りのテクニック】

（○○さんが目標を達成し終わって、立ち歩こうと、席を立ち上がった瞬間が見て取れたら）※（　）の番号は後述する番号に対応しています。

教師：「(1) おーっ、○○さんは目標が終わって答えができているようだぞ。みんなができるために、動き始めようとしてくれているみたいだぞ。

(2) みんなができるために動こうとしていて素晴らしいね。

(3) 考えてみようよ。
　　目標を達成するためには、どうしたらいいんだろうなあ。

(4) 分からなくて困っている人にとっては、今がチャンスなんじゃないかなあ。「一緒にやろう」って言えたら、なんとかなるかもしれないんじゃないかなあ。最後に分かってたらいいんだから。

(5) このクラスには、チャンスのときに何をしたらいいのか分かっている人がいっぱいいると思うのになあ。

(6) 一緒にやっていいんだよ」。

【教師の可視化の語りのテクニック】

（△△さんの鉛筆がまったく動かず、視線も固定されている様子が見て取れたら）※（　）の番号は後述する番号に対応しています。

教師：「(1) あれっ、△△さんは分からなくて困っているみたいなんだけど、誰も『一緒にやろう』って行かないのかなあ。

(2) それでいいのかなあ。

(3) 考えてみようよ。
　　みんなができるためには、どうしたらいいんだろうなあ。

(4) 困っている友だちを見捨てたら、次は自分が友だちから見捨てられちゃうかもしれないっていうのになあ。どうしたらみんなができるようになるんだろうなあ。

(5) このクラスにはどうしたらいいのか分かっている人がいっぱいいると思うけどなあ。

（6）みんながてきるためには、もっとこうすればいいんじゃないかって考えついたことは、遠慮せずにどんどんやっていいんだよ」。

これが可視化（かしか）と呼ばれる行為です。

通常であれば、誰にも知られずに終わってしまうような、教室のあちこちに見られるローカルな子どもたちが学んでいる様子を、クラスの全員に対して、目に見える形で顕在化させるのです。もちろん、板書しても OK です。

● 促したいことでも気になることでも可視化する

活動中に見られる子どもたちの学びの様態は、促進させたいことであっても気になることであっても、分け隔てなく両方とも可視化させることです。

可視化するときのポイントは次の通りです。※（　）の番号は前のテクニックの例に対応しています。

（1）具体的な事実を伝える。

（2）その事実に対する教師の評価を伝える。

（3）子どもたちに考えるよう促し、どうしたら良いか投げかける。

（4）教師の考えをほのめかす。教師だったらこうするんじゃないかなあという考えを伝える。

（5）このクラスには考えて行動できる人がいっぱいいるはずだと信じていることを伝える。

（6）「考えたことを行動していいんだよ」ということを伝える。

教師に可視化されることによって、子どもたちは教師の意図を知り、次の行動を考えます。考えたことを行動に移します。それが連鎖的に教室内のあちこちで見られるようになります。

● 子どもたちが可視化できるようになる語りのテクニック

子どもたちの中に、一人も見捨てない考え方の文化が定着してきたら、次のように語って子どもたち自身の手による可視化を促します。

【子どもたちに対して可視化を促す語りのテクニック】

教師：「クラスのみんなが勉強している様子を今まで先生がみんなに知らせて

第3章　真の『学び合い』授業にするための授業中の8つの達人技術　*57*

きたよね。でも、それって先生にしかできないことかなあ。

　考えてみようよ。

　目標が達成できた人がどこにいて、SOS を出してる人がどこにいるのかを、みんなだったらどうやってみんなに知らせるかなあ。

　このクラスには、それをどうしたらいいのか分かっている人がいっぱいいると思うけどなあ。こんなふうにしたらいいのになあって考えてる人だっていっぱいいるはずだけどなあ。

　みんながができるためには、もっとこうやればいいんじゃないかなあって考えついたことがあったら、遠慮せずにどんどんやっていいんだよ」。

〈真の『学び合い』授業へのキーポイント〉

　促したいことでも気になることでも、クラスの全員に分かるように、少し大きな声で伝えること！

7. 活動中の『学び合い』教師のほめ方のテクニック

● 活動中に現れた行為を褒めること

『学び合い』では、子どもたちに活動を任せたら、子どもたちの活動の様子を鳥瞰的に観察し、その言動からクラス全体に促したいと思われるものが現れたら、褒めることです。

褒めるとは言っても、いったい、何を褒めたら良いのでしょうか？

『学び合い』では、活動中の行為を褒めることです。つまり、褒めるのは現象・内容（行為）であって、対象（個人）ではないことに注意が必要です。

どのような行為が現れたら褒めればよいのでしょうか？

『学び合い』は、30 年後に一人も見捨てられない集団になることを目的とし、毎時間の授業でみんなができることを目標にしています。したがって、みんなができるために自分に何ができるのかを子どもたちが考えて行動した結果として現れた活動中の行為を褒めるのです。

それは、たとえば、次のような行為です。

○褒める現象・内容（どのような行為が見られたときに褒めるのか）

・周りの子どもたちに教えてもらったり考えを聞かせてもらったりしている。

・周りの子どもたちに教えたり自分の考えを伝えたりしている。

・座席の離れた子どもたちのところに教えに行こうとして立ち歩いている。

・座席の離れた子どもたちのところに教えてもらいに行こうとして立ち歩いている。

・資料や教材を取りに来たり見に来たりして立ち歩いている。

・分からないので協力してほしいと SOS を発信している（「教えて」「一緒にやろう」と言っている）。

・分からなくて困っている友だちを探している（「分からない人いませんか？」「一緒にやろう」と言っている）。

・問題を出し合ったりお互いに分かったことを説明し合ったりしている。

第3章　真の『学び合い』授業にするための授業中の8つの達人技術　59

・みんなができるために、自分で考えて判断し、行動を起こしている。

・みんなで答え合わせをして、目標達成していない子をサポートしようとしている。

　挙げ始めるときりがないかもしれないほど数多く考えられます。要は、みんなができるために自分には何ができるのかを考えて判断し行動したことを可視化して賞賛することです。

● 子どもたちの行動を褒めて促すときは「〜していいんだよ」

　一斉授業を受けている子どもたちの中には、「そんなことを授業中にしていいのか不安だ」と思う子どもたちが大勢います。実際に、『学び合い』ライブ出前授業のたびに、そのような感想を寄せてくれる子どもたちばかりです。

　考えてみてください。

　教師は授業中にどんなことを言っているのでしょうか?

　「授業中におしゃべりしてはいけません」

　「うしろを見てもいけません」

　「席を立ってはいけません」

　「手遊びしないで、椅子に深く座って、手は膝の上に乗せて、背筋を伸ばしてあごを引いて、黒板の方に体を向けてしっかり先生の方を見なさい」

　このようなことを言われている子どもたちが、20年後にどのような人材として活躍していると思いますか?

　そのようなことを言われ続け、何をするにも教師の指示がないと行動してはいけなかったり教師の指示どおりに行動しなければならなかったりしている子どもたちにとっては、「こんなことしてもいいのかなあ」という不安な気持ちでいっぱいなのです。ですから、その不安な気持ちを解きほぐしてあげることが大切です。

　そのためには、まず「してはいけません」と「しなさい」を一切止めて、「してもいいんだよ」に切り替えることです。

　考えてみてください。

　初めてのことに挑戦するときというのは、どんな気持ちでしょうか?　まし

て、それがしてはいけないと言われていることであったとしたら。

　最初の時は、極度に緊張するでしょうし、不安も募るものです。そんなとき
に、「してもいいんだよ」とにこにこしながら背中を押してもらえることほど
勇気づけられることはないはずです。

　子どもたちにとっては、それまでしてはいけないと言われ続けていたことに
対して、初めて挑戦しようとしているのですから、なおさらでしょう。

　教師が、行為を褒めると、それが子どもたちの緊張や不安を払拭するきっか
けをつくります。さらに、その行為を「してもいいんだよ」と言い続けること
で「先生は、あんなふうにしてもいいと本当に思ってるんだな。じゃあ、ぼく
も今度やってみようかな」と集団の子どもたちに思わせます。

　その意識が集団の中に伝播し、定着することによって、雨後の竹の子のよう
に次から次へと同様の行為が現れてきます。

　それが、『学び合い』の文化をつくるのです。

　それには、次の要領で語るのがテクニックです。

（1）事実を伝える。

（2）その事実がなぜ良いのか理由を伝える。

（3）みんなができるために、「～していいんだよ」と促す。

　最後の（3）では他のみんなに同様の行為を促すことになります。促す時の
言葉かけは「～していいんだよ」です。

　そのとき、先ほども書きましたが、「やりなさい」「しなさい」「なぜしない
のか」等はすべて NG です。けっして、教師が一方的に押しつけるものではな
いからです。行動を起こすかどうかは、子どもたちが考え判断した結果なので
す。子どもたちが考えて判断して行動するのは子どもたち自身の選択と言えま
す。

　子どもたちが、それを得だと思えば行動を起こします。そうでなければ行動
を起こしません。ですから、教師はそれが子どもたちにとって得なのだという
ことを語ってあげることが大切なのです。

　「やりましょう」もやりなさいに近いニュアンスになりかねないので、避け
た方がよい表現です。

第3章 真の『学び合い』授業にするための授業中の8つの達人技術 *61*

　あくまでも、選択する主体は子どもたちなので、「～していいんだよ」という表現で、子どもたちに対して、考えて行動することを可視化して奨励することがテクニックです。それによって、子どもたちは「させられる学び」から「する学び」へと変容を遂げることになります。

【教師の褒め方の語りのテクニック】

教師：「○○さんは、協力してくれる人がいないかなあって言ってるぞ。自分からSOSを出してるところが素晴らしいね。

　　　だって、今、分からなくても最後に分かっていればOKなんだから。今、間違っていたってOKなんだよ。最後に分かっていたら大丈夫なんだから。それが自分の得になるんだからね。

　　　自分が分かったら、それってみんなができることに貢献してることだよね。クラスみんなの得だね。

　　　もう一つ、教えてあげることは教える人ももっとよく分かるようになるから、教える人の得にもなってるんじゃないかなあ。そう考えると、教えてもらうってことは、実は知らず知らずのうちに、クラスみんなの得につながってるんだなあ。

　　　だから、分からなくなったら、「一緒に考えよう」ってSOS出していいんだよ。それがクラスみんなの得になるんだから」。

教師：「□□さんは、みんなができるために、自分から動き始めたぞ。先生のことを考えたわけじゃなくて、自分のことだけ考えるわけじゃなくて、みんなができることを目指して、どうやったらみんなができるかを自分で考えて動いているところが素晴らしいね。それが、みんなの得になるからね。

　　　このクラスにはそういうことができる人がもっといっぱいいると思うがなあ。

　　　分からないんじゃないかなあっていう友だちのところに「一緒に考えよう」って、行っていいんだよ。いちいち、先生に断らなくていいんだよ」。

教師：「3人で集まって、説明し合ってる人たちがいるねえ。みんなができる

ために、お互いに確認し合ってるのかなあ。いいことだぞ。

　このクラスにはそういうことができる人がいっぱいいると思うのになあ。みんなができるために、問題出し合った方がみんなの得だって考えたのなら、遠慮せずにどんどんやっていいんだよ」

教師：「◎◎さんが、『分からない人、いませんかあ？』って言ってるよ。嬉しいね。

　みんなができるために、分からなくて困っている人を助けようとしてるところが素晴らしいね。それって、クラスみんなの得になるよね。

　このクラスにはそういうことができる人がいっぱいいると思うなあ。

　教えてもらったことやこうやれば目標達成できるんじゃないかなあと考えついたことを、困っていそうな人に遠慮なくどんどん伝えてくれていいんだよ」。

　褒め方についての発想の転換が必要です。

　褒めるのは個人ではなく、行為であるという発想の転換がまず第一に必要です。その上で、良い行為を褒めればいいという発想から、良い行為を褒めた上で続けて「してもいいんだよ」と次の行為の発現を奨励する発想への転換です。

● クラス全体に向かって可視化すること

　それでは、それらの行為が見られたら、どうやって褒めたらよいのでしょうか？

　○褒める方法（どうやって褒めるのか）

・行為が見られた子のところに行ってその子個人を褒めるのではなく、クラス全員（集団）に向かって、聞こえない子が誰もいなくなるような少し大きめの声で語りかける（「叫ぶ」感覚に近いです）。

　そのためには、褒めたい行為を見せた子から一歩下がって情報発信することがお薦めです。

　『学び合い』で褒めることは、その子（対象）を褒めるのではなく、クラスの全員に対する行為を賞賛するメッセージとして可視化する役割を果たすこと

第3章　真の『学び合い』授業にするための授業中の8つの達人技術　63

になるからです。
　たとえば、右図のように、教師が黒板の左前（●印の位置）にいたときに、クラスの全員に紹介したいような行為をした子が、教室の後の方（◎印の位置）にいたとします。そうしたら、その子のところまで行かずに、図の位置関係のまま、褒めることがテクニックです。褒めるタイミングを逃さず、可視化することです。

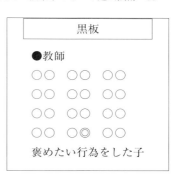

〈真の『学び合い』授業へのキーポイント〉
　みんなができるために取った行動を可視化して褒めること！

8. 活動中の『学び合い』教師の「みんな」を求めるテクニック

● みんなができることが大切であることを伝えること

　『学び合い』授業は、みんなができることを目標としています。活動中に求める「みんな」は、みんなができるために、自分には何ができるのかを考えさせ、行動を起こすことを促す意義を持ちます。それが子どもたち自身の得（個人の得とクラスみんなの得）につながります。

　ですから、子どもたちに対しては、30分間の活動中、「みんな」を強く意識させます。『学び合い』の「みんな」はお飾りではありませんから、活動中にはみんなができるために自分には何ができるのか、それを考えて実行できているのかを求めるのです。

　語りかける内容は、本に書いてあるような文言をそのまま棒読みしてもダメですから、自分自身の言葉でオリジナルに語ることです。『学び合い』は考え方ですから、考え方さえ腑に落ちてさえいれば、どのようにアレンジしてもOK です。

　たとえば、子どもたちの活動中に机間指導しながら、次のように語ることができます。語るときには特定の子に向かって語るのではなく、クラス全員に向けて語りかけることです。

【教師の「みんな」を求める語りのテクニック（例）】

教師：「先生いつも、みんなができることが大切だって言ってるよね。だから、みんなができるために、自分には何ができるかを考えてやっていいんだよ」

教師：「自分だけできても、みんなができてなければ、目標が達成したことにならないんじゃないかなあ」

教師：「みんなができるってことは、できない友だちが一人もいなくなるってことだよね。それってクラスのみんなの得だよ。そのためには、何をしたらいいのかなあ。こうやればいいんじゃないかって自分で考えついたことを、遠慮なくどんどんやっていいんだよ」

第3章　真の『学び合い』授業にするための授業中の8つの達人技術　65

教師：「みんなができるってどういうことかなあ。みんなができたかどうかを、
　　　　みんなはどうやって確かめたらいいって思ってるのかなあ。みんなが
　　　　できたかどうかを確かめるには、みんなに聞いてみないとだめなんじゃ
　　　　ないかなあ。やってみたかなあ。
　　　　　このクラスには、いったい、みんなって何人いるのかなあ」。

● みんなができるために自分で考え判断し行動していたら、その行為を褒め
　　ること

　『学び合い』授業で、「ぶれない考え」と「一貫した本気」で「みんな」を求
め続けると、子どもたちに「みんな」の大切さが伝わります。
　そうすると、集団としての子どもたちの中から、みんなができるために自分
で考え判断し動き始める子どもたちが現れます。みんなができるために自分で
考え判断して行動に現した行為を可視化して褒めることです。
　個人を褒めたいのは山々でしょうが、個人を褒めるとその子は先生に褒めら
れたいが為に、褒められた行為をするようになります。その子の視点が周りの
子どもたちに向かわなくなります。そこで、そこはグッと我慢して、『学び合
い』の考え方を持った集団を育てるために行為を褒めることです。行為を褒め
ることによって、子どもたちには行為を賞賛していると伝わりますから、集団
の中でその行為が奨励されることにつながります。それが集団の中での文化を
つくるのです。
　『学び合い』では、集団となって子どもたちが一人ひとりの子どもを動かし
ます。教師が一人の子どもを動かすには限界がありますが、集団としての子ど
もたちの子どもを動かす力は無限です。
　褒め方は、「活動中の『学び合い』教師のほめ方のテクニック」のところで
紹介してあります。
　みんなができるために自分で考え判断して行動した行為を褒めることに
よって、集団の子どもたちに対して「先生はみんなができることを奨励してい
るんだ」というメッセージを伝えることができます。それは他でもない、「み
んな」の大切さを「ぶれない考え」と「一貫した本気」で子どもたちに伝えて

いることなのです。

　また、自分で考えて行動することによってクラスみんなの得につながることの大切さも同時に伝えます。

● みんなができることに向かっていなかったら、可視化すること

　時には、みんなができることに向かっていない気配を感じることがあります。

　気になる気配としては、

・時間が経ってもクラスの誰とも会話しない子、教室の隅に移動して誰とも関わらない子、床に寝そべったまましゃべらない子、寝ている（フリをしている）子等がいる。

・遊んでいる子どもたち（目標ができなくて遊んでいる子や目標が早々と終わってしまって遊んでいる子。特に後者が気になる）がいて、その子どもたちがみんなができることに貢献できていない。

・多くの子どもたちが席に着いたままで、より多くの子どもたちと考えを交換したりお互いに目標が達成できたかどうかを確認し合わない。

・勉強している様子でもなく、かといって誰とも話をせず、じっと我慢しているだけの子どもたちがいる。

・ほとんどの子どもたちが左右前後の友だちとしか関わらず、どう見てもみんなができたかどうかを確認しているように見えない。

・グループが固定してしまっていて、固定したグループが自然消滅して新たなグループが再編されるわけでもなく、グループ間の情報交換が成されるわけでもない。

等が挙げられます。

　『学び合い』の場合、これらの気配が気配で終わることがたくさんありますので、しばらく様子をよく観察してみて（場合に依りますが、5〜8分くらい）、それでもその気配が消えることがなかったら、教師が「みんな」を求めているのに子どもたちが「みんな」を求めていないことが気になっているということを、素直に可視化して伝えることです。

第3章　真の『学び合い』授業にするための授業中の8つの達人技術　67

【教師の「みんな」を求める語りのテクニック】

（活動中に気になることを可視化するとき）

教師：「みんな、なにしてるんだろう？　今の状態って、みんなができることに
　　　向かっているかなあ。先生にはどうもそうは見えないんだけどなあ。
　　　　考えてみようよ。みんなができることが大切だって、先生、いつも
　　　言ってるよね。みんなができるためにはどうしたら良かったんだったっ
　　　けなあ。
　　　　このクラスにはみんなができるためにどうしたらいいのか分かって
　　　いる人がいっぱいいると思うんだけどなあ。
　　　　みんなができるためには、もっとこうやればいいんじゃないかなあっ
　　　て考えていることがあったら、遠慮せずどんどんやっていいんだよ」。

　ここで必要なのは個別に「みんな」を求めるという発想から、「みんな」を
クラス全員に求めるという発想への転換です。

〈真の『学び合い』授業へのキーポイント〉

　みんなができることが大切だ、そのために動くことは得につながる良いこと
だと可視化すること！

第4章

真の『学び合い』授業にするための評価
の時の６つの達人技術

1. 評価の時に、まとめを子どもたちに任せる『学び合い』教師の テクニック

● 分からない子どもたちは 30 分の時間をかけて理解していく

『学び合い』授業を長くやっていると、授業の最後にまとめをしないことなど当たり前になっているので、それがテクニックに該当するかどうかさえ忘れてしまいかねません。

それほど、教師のまとめは必要ないということです。『学び合い』授業では、教師のまとめを子どもたちに任せるのがテクニックです。

教師がまとめをすると、そのとたんにクラスの全員の子どもたちがあっという間に、その授業の目標を達成するのでしょうか？ そんな夢みたいなことはあり得ません。

クラスの全員の子どもたちが理解できるには、あっという間にはできません。一人二人の得意な子どもたちはあっという間に理解できるでしょうが、分からなくて困っている子どもたちが理解するのは、少なくとも 30 分近くは時間がかかります。つまり、分からない子どもたちはその 30 分の時間をかけて理解していくのです。

ですから、まとめをするとクラスの中のすべての子どもたちが理解できるようになることはありません。言い方を換えると、まとめをしてあっという間に理解する子は、教師と同じだけの能力を持つ子だけに限られるのです。

まとめをする時間は、分からない子どもたちが分かろうと一生懸命学ぼうとする時間に充てるのが望ましいことです。クラスの全員の子どもたち、一人残らずすべての子どもたちが分かろうとして学ぶ時間をより多く確保することが、みんなが目標達成できる近道であると言えるのです。

● 目標を具体的に分かりやすく示すこと

　分からない子どもたちが30分をかけて目標を達成できるようになるためには、まず第1に、目標を具体的に分かりやすく示すことです。何をどれだけいつまでにやれば良いのかを、その教科が苦手な子どもたちにも伝わるように、誤解されずに伝わるように分かりやすく示すことに尽きます。詳しいことは、第3章で紹介しました。

　指導と評価の一体化とよく言われますが、『学び合い』の場合は目標と学びと評価の一体化です。

　目標というのは、その授業で達成すべきことです。その目標の達成に向けて学びが生起し、その目標が達成できたかどうかが評価されるのです。したがって、目標と学びと評価は当然のことながら、いずれも整合していないとならないことになります。

　そう考えると、授業で行うまとめというのは、目標に整合したその授業で目標達成した状態の姿であると換言できます。それはつまり、目標に対する答えとなるものに他なりません。

　したがって、目標が誤解されずに子どもたちに伝われば、その授業のまとめをどのようにしたいのかという、教師が思い描いているものが伝わることにつながります。

　伝わった結果、クラスの一人残らず全員が目標を達成することができたとすれば、それは、その授業でまとめるべき内容をクラスの一人残らず全員が把握できたということです。つまり、結果として、クラス全員が、教師の想定しているまとめに知らず知らずのうちにたどり着いてしまったということです。

　クラス全員が目標を達成したのですから、まとめをする必要はなくなります。

　【教師のまとめをしない語りのテクニック】

教師：「今日の授業の目標は「全員が、○○できる」です。

　　　　今日の授業ではこの目標ができれば合格です。

　　　　そこで、考えてみようよ。

　　　　この目標をクラスのみんなができるってことはどういうことかなあ。

今日の授業でしなければならないことをみんながやり遂げるということだから、みんなが自分たちで目標のまとめをするってことじゃないかなあ。

それって、凄いことだよね。

このクラスにはそういうことのできる人がものすごくいっぱいいると思うけどなあ。だから、自分たちで今日の授業で何ができたらいいのかまとめていいんだよ」。

● 知らず知らずのうちに目標に対するまとめの作業が行われていく

第2に、友だちの助けを借りてもかまわない、というよりも、友だちの助けを借りると得をするということを、すべての子どもたちにしっかりと伝えることです。

私たちが目標を解決しようとしたときに、一番頼りになってくれるのは周りの友だちです。分からないことをいつでも自由に何回でも聞くことができるからです。何回でも同じことを聞くことのできるのは、友だちしかいません。教師を相手にした場合には、あり得ません。

また、分かりかけたことを「これって、こういうこと？」と聞くことができるからです。そして、分かったかなあと思ったことを「これってさあ、説明するとこんなふうになるのかなあ」と話を聞いてくれるからです。

何回でも同じことを聞くことのできる友だちや分かりかけたことを何回でも聞いてくれる友だちがいるクラスに籍を置いているということは、将来に残る素晴らしい財産となります。

将来の素晴らしい財産となる一人も見捨てられない集団における友だちとの関わり合いは、いったいどのような結果を引き出すのでしょうか？

分からないことを聞いたり分かったかなあと思ったことを話したりする過程を通して、子どもたちはお互いの考えや目標に対する取組みの成果を交換し合います。

その結果、誰のどの考えが目標達成に相応しいのか、その理由はなぜなのか、ということを相互に交換し合う中で知らず知らずのうちに見つけ出してい

第4章　真の『学び合い』授業にするための評価の時の6つの達人技術　73

くことになります。より良い目標達成の結果としてのまとめが淘汰されていくのです。

　目標を達成したかどうかの答え合わせは友達とできますから、その時点でまとめができるということです。

　つまり、子どもたち同士で考えを交換し合ったり教えたり教えられたりし合ったりすることによって、知らず知らずのうちに目標に対するまとめの作業が行われていくことになるのです。子どもたちの有能な力を信じることができれば、あとは子どもたち自身が目標達成に向けた自由な活動の過程で自ずとまとめをしてくれます。

　だから、授業の最後の教師によるまとめは必要なくなります。

● 友だちの助けを借りると得をすることを伝えること

　ところで、友だちの助けを借りて目標ができると、自分が目標を達成するのですからまず自分が得します。

　自分が得をするのですが、それは実は、みんなができるためには、みんなにとっての得となっているのです。

　『学び合い』の考え方によってみんなができるということが徹底されていれば、友だちが目標を達成できたということがみんなにとっての得になるということを知らない子は一人もいませんので、それは実は自分にとっての得にもなっているということを十分に理解して授業に臨んでいます。

　それを理解している子どもたちは、自分ができるだけでなく、周りの友だちをもサポートして、目標をできるようにしようと動き始めます。それが自分の得でありかつみんなの得になるということを熟知していますから。

　それを繰り返すうちに、子どもたちが子どもたち同士で考えを交換したり答え合わせをしたりしながら、やがてそれら（一人ひとりの異なったいろいろな考えや一人ひとりの異なったいろいろな答え）が淘汰されていき、黙っていても知らず知らずのうちに教師の期待する目標達成に向かうことになります。

　それによって、自ずと目標のまとめができてしまう結果を導くのです。

　ですから、まとめを子どもたちに任せるテクニックは、分からなくなったら

遠慮なく友だちの助けを借りていいんだよ、ということを子どもたちに繰り返し伝えるだけのことです。

そうすれば、子どもたち自身が自分の得とみんなの得になることを考えて動き始めますから、自分たち自身が自分たち自身で自ずとまとめをしてくれます。

まとめはしなくてよいのだろうかという心配は解消されます。

【教師のまとめをしない語りのテクニック】

教師：「授業の時に分からなくなりそうだったら、友だちの助けを借りていいんだよ。そうすると、得をするよね。だって、自分が分かるようになるんだから。

　でも、考えてみようよ。

　その得って、自分だけのものかなあ。

　自分が得したってことは、みんなができるためには、みんなにとっての得ってことじゃないかなあ。

　そうすると、友だちが分かるようになるってことは、みんなができるために今度は、自分が得するってことにつながるんじゃないかなあ。

　自分の得はみんなの得で、みんなの得は自分の得っていうことかなあ。

　どう？

　このクラスには、友だちの助けを借りて得できる人がものすごくいっぱいいるし、友だちをサポートしてあげて得できる人もものすごくいっぱいいると思うけどなあ。

　そうなると、みんなが分かってみんなが得になるから、今日の目標のまとめなんてあっという間にできちゃうね。

　みんなで得しながら、まとめていいんだよ」。

● 自由に選択可能な環境を整えること

　第3に、目標達成のための手立てとしての資料や教材等をそろえて自由に選択可能な環境を整えることです。

　その手立ての一つとして、友だちが一番です。ですから、いつでも誰にでも何回でも教えてもらったり分かったかもしれないことを聞いてもらったりしていいんだよ、という人的環境の整備が最優先です。

　それ以外にも、子どもたちの目標達成に向けた手助けとなる各種資料や教材がそろっていることが、分からない子どもたちの理解を促す上で欠かせません。

　その中には、目標を達成した状態としての期待する教師の期待する答え、いわゆる目標に対する答えも用意することです。

　その答えも、答え合わせだけでなく、困ったときや分からなそうにしている友だちに説明するとき等に、自由にいつでも何回でも利用できるように促進することです。子どもたちには目標を達成しようとする力があるのですから、クラスの中にはその力を持っている人がとてもたくさんいることを伝えて、その力を発揮してくれることを促すよう可視化します。

　ただし、教師の期待する答えは1部のみ用意し、存在場所が分からなくならないように、黒板か教卓に貼っておくことがテクニックです。

　教師の期待する答えを見に来たのが誰であるかを分からない子が誰もいなくなる状況をつくるためです。教師の期待する答えを○○さんが見に来ていたということをクラスの全員が知れば、今度は○○さんのところに行って聞いてみようという選択肢が一つ増えるからです。○○さんのところに言って聞いてみれば、答えも知ることができますし、その答えに対する○○さんの考えなり解釈なりも聞くことができますから、一石二鳥になる現象が起き始めます。

　そうなると、子どもたち自身が教師の期待する答えを基にして議論を始めますから、教師の期待する答えの内容が広げようと思わなくても、黙っていても知らず知らずのうちに、どんどん広がっていくことになります。まとめの伝言ゲームとも言える現象です。

76

【教師のまとめをしない語りのテクニック】

教師：「黒板に目標の教師の期待する答え、いわゆる答えを1部貼っておきました。

でも、持って行ったらダメだよ。

見たい人はここに来てみてね。

その代わり、誰でも自由にいつでも見に来ていいし、何回でも見に来ていいんだよ。

考えてみようよ。

どうして、答えを用意しておくんだろう。

答えがあると、何かいいことがあるのかなあ。

どう？

目標が達成できた人が答え合わせができるよね。分からなくて困ってる人がいたらヒントになるかもしれないね。

ほかにまだないかなあ。

そう、まとめをしようと思って来る人がいるかもしれないね。そんな人が来てくれたら、大歓迎だね。

このクラスにはそういうことのできる人がものすごくいっぱいいると思うけどなあ。

だから、いつでも見に来て、今日の達成すべき内容をみんなでまとめていいんだよ」。

教師の期待する答えを用意しておくだけで、教師がまとめはしなくても子どもたち自身が自分たちで自己評価、相互評価しながら学習内容のまとめを始めます。そうなるので、教師によるまとめは必要ありません。

ゴールに相当する目標を設定して教師の期待する答えを用意して、子どもたち自身に活動中にまとめを任せること、それが『学び合い』の達人になるための重要なテクニックです。

そのためには、発想の転換が必要です。

授業では教師がまとめをしないと子どもたちは目標ができないという発想から、目標ができるように活動する過程で子どもたち自身がまとめを済ませる

という、授業のまとめは子どもたちに任せられるという発想への転換です。

〈真の『学び合い』授業へのキーポイント〉
　目標を出して、教師の期待する答えを用意して、子どもたちにまとめを任せること！

2. 評価の時の『学び合い』教師の評価の仕方のテクニック

● 子どもたちに示した目標に対して、一致させた評価を行うこと

　『学び合い』授業では、目標と活動中の子どもたちの学習と評価の３者が一致します。したがって、『学び合い』授業での評価は、目標に一致させます。たとえば、次のようになります。

　　目標：「全員が、溶けるのがどんな現象かを説明することができる」

　　子どもたちの活動：「溶ける現象の探究活動」

　　評価：「溶けるのがどんな現象かを説明することができる」

　授業の評価というのは、目標として設定したことをそのまま評価することを意味します。ですから、目標として求めたものが達成できているかどうかを、評価の時にそのまま問うことです。

　ただ、算数・数学の授業における目標「○○を計算して答えを出すことができる」のように、答えをそのまま覚えてしまうと困る内容が目標となる場合があります。

　そのような場合には、数字を変えて評価することです。目標には「数字を変えても問題の答えを出すことができる」のように、あらかじめ評価の時には数字を変えて評価することを伝えます。

　後出しじゃんけんのように、活動中や活動終了後に伝えることは避けます。計算問題を目標に出しておきながら、評価では、応用問題と言って、いきなり食塩水の文章問題を出したら、文脈が違うので回答できなくなります。文脈を変えた評価も絶対に避けることです。

● みんなができたかどうかをみんなで確認できる方法を取ること

　次に、目標をみんなが達成できたかどうかについての評価結果を、子どもたち自身が全員で確認できるようにします。

　『学び合い』授業の特有のオリジナルな評価方法はありません。『学び合い』は考え方だからです。肝となるのは、みんなが目標を達成したかどうかを評価

したら、それをクラスの中の子どもたち全員が自分たちで必ず確認できる方法を取る、その一点です。みんなができたかどうかを評価できてクラスの全員がそれを確認できる方法であれば、どのような方法であってもかまわないのです。

　ここでは、いくつか参考となる評価の方法を紹介します。

〈挙手させる方法〉

「今日の目標が達成できた人？」と聞いて、子どもたち自身に挙手を求めることです。クラスの中の全員の手が上がったら、みんなができたということが把握できます。そして、手を挙げてもらった後に、みんなに確認させます。小学校低学年から導入が可能です。

〈ネーム・プレートを使用する方法〉

　自分の名前の書いてある磁石付きの平板のプレートを使う方法です。それを黒板に貼っておいて、自分の名前が書いてありますから、目標が達成できた子が自分でそのネーム・プレートを裏返します。すべてのネーム・プレートが裏返されたら、みんなができたということが把握できます。

　リアル・タイムで誰が目標を達成できたのか誰が目標を達成できていないのかを、誰もが把握することができる方法です。

　小学校低学年から導入が可能です。

〈「できた人コーナー」をつくる方法〉

　黒板の一角に、「できた人コーナー」をつくって、目標をできた子どもたちが自分でそこに自分の名前を書きに来る方法です。クラスの全員の名前が書かれたら、みんなができたということが把握できます。

　この応用として、模造紙にクラス全員の名前を書いておいて、目標が達成できたら○印を付けに来るという方法もできます。

　この方法も、リアル・タイムで誰が目標を達成できたのか誰ができていないのかを、誰もが把握することができる方法です。

　小学校低学年から導入が可能です。

〈サインをもらう方法〉

　ワークシート等の一角に、「友だちのサイン」の欄をつくっておいて、活動

が終了した時点で評価タイムを設定し、友だちに対して目標について分かったことやできたことを説明させるのです。そして、聞き手の友だちがその説明に納得したら、サインをしてもらう方法です。

「今日、まだ一度も話していない人に説明して、サインをもらおう」と子どもたちに伝えて評価タイムに臨めば、みんなができるためには情報交換をしない友だちがいては実現できないという教師の意図が、「ぶれない考え」と「一貫した本気」として伝わります。隣の友だちでもかまいません。

そして、サインをもらうことのできた人に挙手させたり起立させたりした後に、みんなに確認させます。

〈力だめしとして、分かったことやできたことを記入させる方法〉

授業終了時に、力だめしとして、何も見ないで誰にも聞かないで、目標に関する回答を自分の言葉で、用紙に記入させる方法です。

たとえば、「示相化石と示準化石からどのようなことが分かるのかについて、クラスのみんなによく分かってもらえるように分かりやすく、自分の言葉で説明することができる」といった具合です。

評価に際しては、ワークシート等と別の用紙を配布して、この目標に対する回答を記入させます。全員の記入が終わった段階で、隣に座っている友だちと用紙を交換させた上で、「読んでみて納得したら、サインをして（○印を付けて）、返してあげましょう」と伝えて、相互評価させます。

そして、サインをもらうことのできた人に挙手させたり起立させたりした後に、みんなに確認させます。

〈力だめしとして、問題を解かせる方法〉

授業終了時に、力だめしとして、何も見ないで誰にも聞かないで、目標と同じ文脈で出題した問題に関する解答を、用紙に記入させる方法です。

たとえば、「教科書 p. ◎の例題１を、数字が変わっても解くことができる」という目標を出した場合、授業の最後に、教科書 p. ◎の例題１に使われている数値を変えた評価問題を用意しておいて、それを解答させるのです。

評価に際しては、分かったことやできたことを記入させる方法と同様、ワークシート等と別の、力だめし専用の用紙を配布して問題を解かせます。全員が

解答し終えた段階で、隣に座っている友だちと用紙を交換させた上で、答え合わせをします。「答え合わせが終わったら返してあげましょう」と伝えて、相互評価させます。

そして、○印を付けてもらうことのできた人に挙手させたり起立させたりした後に、みんなに確認させます。

教師が一人ひとりの評価を個別にするという発想から、子どもたちと一緒にクラス全体の評価をしてそれを子どもたちが全員で確認してリフレクションするという発想への転換が必要です。

〈真の『学び合い』授業へのキーポイント〉

評価を目標に一致させること！ みんなができたかどうかをみんなが確認できる方法で評価すること！

3. 評価の時に、子どもたちに全員で評価結果を確認させる『学び合い』教師のテクニック

● 目標をみんなが達成できたかどうかを必ず全員に還元すること

　『学び合い』授業では、目標をみんなが達成できたかどうかを必ず全員に還元して（評価結果を全員に開示して）、リフレクション（振り返り）をします。

　『学び合い』授業における評価結果の子どもたちへの還元（評価結果の全員への開示）の目的の一つは、今日の授業で誰ができていて誰ができなかったのかについて、クラスの中で知らない子が誰もいなくなる状況をつくることです。2つ目は、それによって子どもたちにリフレクションをさせることです。

　そのような状況をつくることによって、目標を達成した子どもたちに対して、みんなができるために自分には何ができたのか、なぜ自分たちは困っている友だちを助けてあげられなかったのかをリフレクションさせるのです。

　また、目標を達成できなかった子どもたちに対しては、自分には何ができたのか、目標の達成に至るまで自分にもっと工夫できることはなかったのかをリフレクションさせるのです。

　その上で、次の授業の時にみんなで協力してみんなができるようになるためにはどうしたら良いのか自分には何ができるのかを、さらに考えさせてさらなる有効な行動を生起させることを意図するからです。

　決して、目標ができなかった子どもたちを差別しようとしているものではないことを誤解しないようにすることです。このことは、保護者に対して自分自身の言葉で説明できるようになる必要があります。それが、評価結果を全員に開示する目的と意義を、より良く理解することだからです。

● 確認テストを相互評価して、その結果を全員で確認する

　確認テストを実施する時の具体例を紹介します。

　確認テストでは、終了した直後に隣の友だちと用紙を交換して、相互評価することができます。そして、その場でその結果を即時的にクラス全員で確認す

ることができます。

【評価結果の還元の仕方の語りのテクニック】

教師：「（確認テストが終了したら）それでは、隣の人と確認テストを交換して
　　　ください。いつものように、確認テストは隣の人に評価してもらいます。
　　　　（隣同士で確認テストの相互評価を終えたころに（およそ３～４分
　　　後））
　　　　評価が終わったら、隣の人に返してあげましょう。
　　　　確認テストを隣の友だちに評価してもらいましたか？
　　　　（全員の確認テストが手元に戻されたことを確認したら）
　　　　それでは、今日の目標をみんなができたかどうか確かめたいと思い
　　　ます。
　　　　目標を達成できた人は、手を挙げてください。
　　　　それでは、今、手を挙げた人は立ちましょう。
　　　　周りを見てください。
　　　　どうですか？　みんなが目標を達成できましたか？
　　　　誰が目標を達成できたのか誰が目標を達成できなかったのかを確認
　　　できたら、座りましょう。
　　　　（※この後、リフレクション（振り返り）をします。『学び合い』で
　　　はリフレクション（振り返り）を実施するのが必須のテクニックなの
　　　で、ここで終了してはいけません。みんなが目標を達成できた場合と
　　　みんなが目標を達成できなかった場合に応じて、リフレクション（振
　　　り返り）を続けます。詳しい語りは次の項目を参照してください）」。

ここでのテクニックの肝は、次の点です。

(1) みんなができたかどうかを、単位時間の授業の中で確認すること。
　　・その授業の最後で、誰ができたのか誰ができなかったのかを確認す
　　　ることが必須です。

(2) 誰ができたのか誰ができなかったのかを、子どもたちが全員で確認する
　　こと。
　　・『学び合い』では、誰が目標達成できたのか誰が目標達成できなかっ

たのかをクラスの子どもたち全員で確認することが極めて重要です。つまり、誰が目標を達成できたのか誰が目標を達成できなかったのかを、クラスの中の子どもたちの中で、知らない子が誰もいなくなる状況を作り出すのです。

・教師だけが確認しても意味がありません。子どもたちに還元したことにはならないからです。

・したがって、子どもたちに目をつぶらせて挙手させたり立たせたりしても、それは可視化していることにはなりませんので意味を持たないことは言うまでもないことです。

(3) 次の授業につなげるリフレクション（振り返り）を必ずすること（※リフレクション（振り返り）は次の項です）。

・誰ができたのか誰ができなかったのかを確認させるだけでは、子どもたちの序列化につながりかねません。したがって、目標をできなかった子どもたちに対して、次の授業でクラスとして何ができるのか、どうサポートしてあげられるのかを考えさせて臨ませるようリフレクション（振り返り）を忘れないことが必須です。

『学び合い』では、授業の目標を誰ができたのか誰ができなかったのかという評価は教師が確認するという発想から、子どもたちが全員で確認するという発想への転換が必要です。

● ネーム・プレートを使うときの注意は？

小学校では、低学年からよく利用されるのが、ネーム・プレートです。この方法ですと、すべてのネーム・プレートが裏返されたら、みんなができたということであり、その可視化された結果は知らない子がだれもいない状況として全員が認知できます。比較的簡単にできて、視覚的にも分かりやすく取り組みやすい方法の一つです。同じような方法に「できた人コーナー」があります。

これらの方法を実施するときに、注意しなければならないことがあります。

このやり方ですと、どうしてもネーム・プレートを裏返したりできた人コーナーに名前を書いたりすること自体が目的となってしまうことが心配されま

第4章 真の『学び合い』授業にするための評価の時の6つの達人技術 85

す。目標が本当によくできる状況になっていないのに、みんなに迷惑をかけたくないからという気持ちから、本当によく分かっていないのに、ネーム・プレートを裏返したりできた人コーナーに名前を書いたりする子どもたちが現れます。

　そのような時は、ネーム・プレートを裏返したりできた人コーナーに名前を書いたりすること自体が目的ではないので、本当によく分かったときにこそ行動を起こす必要があることを十分に子どもたちに語る必要があります。

　〈真の『学び合い』授業へのキーポイント〉
　目標をみんなができたかどうかをクラスの子どもたちが全員で確認すること！

4. 評価の時に、子どもたちにリフレクションさせる『学び合い』教師のテクニック

● 『学び合い』にリフレクションは欠かせません

『学び合い』授業の終了時に評価結果を子どもたちに還元した後、授業を通してみんなができるために自分には何ができたのかをリフレクション（振り返り）させます。

『学び合い』授業では、このリフレクションが欠かせません。このリフレクションが『学び合い』の『学び合い』たる所以だからです。リフレクションとは、今日の授業について、みんなができるために自分には何ができたのかを、自ら振り返って自分自身で省察することです。

つまり、評価の時に、誰が目標を達成できて誰が目標を達成できなかったのかの事実を把握して、そのような結果に至ったのはなぜなのかを自分の考えたこと、判断したこと、行動したことを振り返って省察するのです。それによって、次の授業のときに自ら意識的に行動を起こすことができるようになるからです。それが、『学び合い』の一番の良さなのです。

ただ単純に、自分が目標を達成できたかできなかったかだけで終わるのではなく、クラスのみんながなぜ目標達成できたのか、なぜ目標達成できなかったのかをリフレクションすることによって、自分と友だちとの関わり方やその過程を意識することができます。

意識することができれば、それを次の時間に今度は自分で意識して重点的にやってみることができます。うまくいかなかったとしたら、どうやればうまくいかなかったところを改善できるのかを意識して次に生かすことができます。

うまくいったとしたら、そのうまくいった点を意識して率先して行動を起こしたり重点的に取り組んだりすることができるようになります。そこに『学び合い』のリフレクションの意義があるのです。

この点を、『学び合い』の授業評価の観点からみてみます。

『学び合い』授業を見るときの評価の観点は3つあります。ここで言う評価

というのは、子どもたちの達成度の評価ではなく、『学び合い』授業成立度の評価です。1つ目は目標が誤解なく伝わっているか、2つ目は子どもたちが目標に向かうときの環境が整えられているか、そして3つ目は評価が行われているかです。

　1つ目の目標が誤解なく伝わっているかどうかは全員が目標達成しているかどうかで判断できます。あるいは目標を理解できていない子がどのように立ち振る舞うかによっても判断ができます。2つ目の評価も全員が目標を達成しているかどうかによって評価できます。あるいは子どもたちがもっとより良い環境を求めているかどうかによっても判断が可能です。いずれも、目標を達成していなければ、その原因のとして目標の誤解度と環境の整備度が挙げられます。3つ目の評価がいちばんやっかいです。『学び合い』授業として評価が行われているかどうかの観点は、授業者が子どもたち全員が目標達成を果たしているかどうかを評価しているかどうかではなく、目標達成を果たしているかどうかを子どもたちとどれだけ共有し、その結果に対して適正に子どもたちにリフレクションをさせているかどうかによって判断するからです。

　換言すれば、『学び合い』で言うところの評価というのは、子どもたちに対して、その単位時間をリフレクション（振り返って省察）させる時間だということです。わずか1分でも、みんなができるために、自分には何ができたのかを自らリフレクションすることの意義は計り知れません。

　もし、全員が目標を達成したとしたら、

教師：「周りを見てごらん。みんなが目標を達成したよね。

　　　　なぜ、みんなが目標を達成できたのだろうか。

　　　　ここでちょっと時間を取るから、振り返って（リフレクションして）みようよ。

　　　　みんなができるために、自分はこの時間にまわりの友だちに何ができたんだろうか。みんなが目標を達成できたんだから、その何が良かったんだろうか。この時間にだれがなにをどんなふうにしていただろうか。その何が良かったんだろうか。

　　　　その良かったところを、次の時間に意識してできたら、今日のこと

が偶然ではなかったと言えるよね。次の時間もまた、みんなが目標達成することができるようになるはずだと思うけどなあ。

　　　今日はこれが良かったんじゃないかなと考えたことがあったら、それをこの次の時間にもどんどんやっていいんだよ。期待してるよ」。

　一方、全員が目標を達成できなかったとしたら、

教師：「周りを見てごらん。みんなが目標を達成できていないよね。

　　　なぜ、みんなが目標を達成できなかったのだろうか。

　　　ここでちょっと時間を取るから、振り返って（リフレクションして）みようよ。

　　　みんなができるために、自分はこの時間にまわりの友だちに何ができたんだろうか。みんなが目標を達成できなかったんだから、何かが足りなかったということだ。何が足りなかったんだろうか。

　　　この時間にだれがなにをどんなふうにしていただろうか。思い出してみようよ。

　　　足りなかったところを考えつけば、次の時間にはどこをどんなふうに改善したらいいのかが見つかるよね。その改善点が分かれば、次の時間にはそれを意識してできるよね。そうしたら次の時間はもっとよくなると思うけどなあ。

　　　次の時間はみんなができるためにはこんなふうにすればもっと良くなるんじゃないかと考えついたことを、遠慮せずどんどんやっていいんだよ。期待してるよ」。

　そして、もう一つ突っ込んで、

教師：「みんなができるために、目標を達成できた人は、目標達成できなかった人をどんなふうに助けてあげられたんだろうか。分からなくて困っている人は、きみの『一緒にやろう』っていう一言をきっと待ってたんじゃないかなあ。

　　　目標達成できなかった人は、どんなふうに助けてもらおうとしてたんだろうか？　目標を達成していた人はきみを助けてあげようとしたんだけど声をかけられなかったのかもしれないなあ。きみから『一緒に

やろうよ』と言ってくれるのを待ってたのかもしれないね。次の時間はお互いにどうしたらいいんだろう。

　考えてみようよ。

　みんなにはそれを考えて実行に移せる力があるんだから、こうしたら良くなるだろうなあって考えついたことを、遠慮なくどんどんやっていいんだよ。期待してるよ」。

　勘違いしてはならないことは、自分ができたかどうかだけをリフレクションさせてもナンセンスだということです。『学び合い』は自分ができたかどうかだけではなく、みんなの目標達成のために自分には何ができたのかをリフレクションさせることです。

　もちろん、目標達成できなかった子にとっては、なぜ自分は目標達成できなかったのかをリフレクションすることも大切なことですが、それにとどまることなく、なぜみんなが目標達成できなかったのかをリフレクションさせることが絶対に見逃してはならない『学び合い』授業のポイントです。

〈真の『学び合い』授業へのキーポイント〉
「ここでちょっと時間を取るから、振り返って（リフレクションして）みようよ」の言葉かけ！

5. 評価の時に、「みんな」を求める『学び合い』教師のテクニック

● 個人レベルの評価をクラスレベルの評価に高めること

　『学び合い』授業でも、目標を早く終える子どもたちが現れます。これは個人レベルの評価による結果です。

　『学び合い』授業では、この個人レベルの評価をいかにしてクラスレベルの評価にまでつなげることができるかが真の『学び合い』にするための成功の鍵となります。

　個人レベルの評価がクラスレベルの評価にまで至らない場合は学級崩壊となり、個人レベルの評価がクラスレベルの評価にまで高まる場合が『学び合い』です。

　つまり、個人レベルの評価をいち早く終えることのできる子（いわゆる "できる子"）は、おそらく5 〜 10分くらいで目標を終えることが多くあります。目標を早く終えるそのような子どもたちが、終わった後に自分自身のことを黙々としている場合は赤信号です。

　一方、目標を早く終えるそのような子どもたちが、みんなができるために力を尽くしている場合が『学び合い』と言えます。

　そこで、目標を早く終えたにもかかわらず、この個人レベルの評価をクラスレベルの評価に高めることのできない子どもたちに対しては、次のように語ります。

【評価の時に「みんな」を求める語りのテクニック】

教師：「今日の授業で、早く目標が終わった人がいたんだけど、早く目標が終わった人は、何をしたらいいんだろうなあ。

　　　　考えてみようよ。

　　　　みんなができることが大切だって、先生いつも言ってるよね。

　　　　早く終わった人は、みんなができるためには何をしたらいいんだろうなあ。一人二人早く終わっても、みんなができたことにはならない

と思うけどなあ。まだ終わっていない人がいたはずなのに、どうして『一緒に考えよう』って言えなかったんだろう。自分が苦手の教科の勉強の時には、今度は立場が逆になるかもしれないよね。

　ところで、早く終わった人がいるのを見ていた人もいると思うんだ。どうして何も言えなかったんだろう。一人目を見逃すクラスは、二人目を見逃すようになるよ。二人目を見逃したら次から次へと見逃すようになっちゃうよ。

　それじゃあ、みんなができることにはならないなあ。

　見ていた人がどうして『一緒にやろうよ』って言えなかったんだろう。

　このクラスには『一緒にやろうよ』って言える人がたくさんいると思うんだけどなあ。次の時間から、みんなで『一緒にやろう』って声かけあっていいんだよ」。

　目標が早く終わった子どもたちに対して、発展課題を用意すべきではないかと考えているとしたら、発想を変える必要があります。

　目標をいち早く終えた子どもたちに対しては発展課題となるような目標が必要だという発想から、目標をいち早く終えた子どもたちにはみんながてきるために個人として何をしたら良いのか、クラスとして何ができるのかを考えさせて実行を促すという発想への転換です。

〈真の『学び合い』授業へのキーポイント〉

　みんなができたかどうかのクラスレベルの評価をして、「みんな」を求めること！

6. 評価の時に、目標としての「みんなができる」が達成できな かったときの次の一手を講じる『学び合い』教師のテクニック

● 何時間も誰とも話さず、誰にも相手にされていない子がいたら

『学び合い』授業では、みんなで助け合ってみんなができることを目標とします。

ところが、授業を始めて2〜3回経ってみると、学級づくりを通した土台づくりが順調に進まなかった場合には、誰からも相手にされずに、45分なり50分なりの間中ずっと誰とも話さず、ひとりぼっちで過ごしている子どもたちがいる状況が見えてくることがあります。

『学び合い』授業では、一斉指導で見えてこなかった子どもたちの地が見えてきます。それは、普段の休憩時間とかに見せる様子そのものです。

そんなときこそ、「ぶれない考え」と「一貫した本気」で取り組まなければならない状況です。子どもたち（クラス）に対するあなたの本気度が試される時です。

学級活動の時に、時間を取って、以下のような次の一手を講じます。

【評価の時に講じる次の一手の語りのテクニック】

教師：「この前の○○（たとえば、算数とか数学とか）の授業の時までずっとそうなんですが、残念ながら全員が目標を達成することができていませんでした。

なぜ、みんなができるという目標が達成できないのでしょうか。

全員が授業の目標を毎時間達成するためにはどうしたらよいのでしょうか。みんなで話し合ってみましょう」。

● 先生には決められないなあ。みんなで決めたらどうだ。

合唱コンクールや運動会に臨むときの要領です。

子どもたちに考えさせ、判断させて、決めたことを実行させるようにして促すことです。

みんなが目標を達成できるという授業でのクラス全体の目標が達成できな
かった時の、次の段階として試みます。

1単位時間で結論が出なければ、2単位時間でも3単位時間でも使っていた
だいてかまいません。

ここで一番大事なことは、子どもたちが考えて決めることです。

学級担任（あるいは教科の教科担任）のスタンスは、絶対に子どもたち（ク
ラス）が考えて決めようとすること、そして実行することをじゃましないこと
です。

【評価の時に講じる次の一手の語りのテクニック】

教師：「先生には決められないなあ。

　　　　みんなで決めたらどうだ。

　　　　考えてみようよ。

　　　　だって、自分たちで考えて決めて実行するってことは、みんながこ
　　　　れからの人生を生きていく上で、絶対に必要だし、何よりも一番大切
　　　　なことなんだけどなあ。

　　　　このクラスはそういうことのできる人ばっかりだと思うけどなあ。
　　　　みんなで決めていいんだよ」。

いかがですか？

ここではあなたの発想を変える必要があります。

教師が良かれと思って敷いたレールの上を走らせるという発想から、子ども
たちが自分たちでレールを敷いて走るのを見守るという発想への転換です。

それは、「それは○○だから、先生の考えのとおりにしなさい」という「し
なさい」の発想から、「君たちが自分たちで考えて決めてやっていいんだよ」
という「考えなさい」の発想への転換なのです。

それが子どもたちに対して、「させられる学び」を脱却し、「する学び」へと
成長を遂げさせる重要な機会を与えます。

子どもたちにとって、「しなさい」と言われて何も考えずただ実行するだけ
の文化から、「考えなさい」と言われて自分たちで考えて判断した上で行動で
きる文化に変容を遂げ、自分たちの文化として構築していくことにつながりま

す。

● 心底相談に乗ってサポートしてくれたときにはじめて

　しかし、このようにして子どもたち（クラス）が自分たちで考えて決めたことを実行に移したとしても、おそらく、うまくいかない結果になるかもしれません。

　想定されるのは、そのクラスの中で優秀な子（どの教科も得意で苦手な教科がない子）や発言力のある子が、ぱっぱっと提案して、ほかの子どもたちはその子の提案に反論できず、あるいは代案が見つからず、安易に合意してしまって、それをやってみることです。

　たとえば、「仲のいい子が面倒を見てあげるようにしよう」とか「当番制にして、みんなで面倒を見てあげよう」とかです。

　しかし、先生に言われて形式的にやらされているうちは、分からずに困っている子どもたちが真に変容と遂げるまでには至りません。教科の授業で何時間も誰からも相手にされない子どもたちにとっては、自分の分からないことについて、先生に言われたから形式的に相談に乗るのではなく、本当に自分のことに心配ってくれて心底相談に乗ってサポートしてくれることによってはじめて、自分自身を変えようという意思が働くからです。

　その子の提案した方法でやってみてうまくいかないと、その優秀な子や発言力のある子は自分が提案したことがうまくいかなかったから、泣いてしまったりクラスのみんなに責任を転嫁したりするかもしれません。

　しかし、そこで教師がぱっぱっとしゃしゃり出て、何もかも決めてはいけません。教師のスタンスは、あくまでも子どもの力を信じて任せることです。

【評価の時に講じる次の一手の語りのテクニック】

教師：「みんなで決めてやってみたけど、残念ながら全員が目標を達成するところまでいけなかったね。でも、先生には決められないなあ。みんなで、もう一回話し合ってみたらどうかなあ。

　　　　考えてみようよ。

　　　　だって、この前も行ったけど、自分たちで考えて決めて実行するっ

てことは、みんながこれからの人生を生きていく上で、絶対に必要だし、何よりも一番大切なことなんだけどなあ。

　このクラスはそういうことのできる人ばっかりだと思うけどなあ。みんなでもう一度、こうやったらいいんじゃないかということを決めて、やっていいんだよ」。

　それでもみんなができるという評価が得られない場合には、さらにもう一度子どもたちに任せてみることです。みんなができるという目標を達成するまで、何度でもクラスの子どもたちに任せることです。

　それが回り道のようですが、『学び合い』による最善の道です。

〈真の『学び合い』授業へのキーポイント〉

　「先生には決められないなあ。みんなで決めたらどうだ」のスタンスを堅持すること！

あ と が き

　最後までお読みくださり、ありがとうございました。

　真の『学び合い』授業をするための達人になるテクニックはいかがでしたか？

　『学び合い』は、30年後の未来に生きる子どもたちを一人も見捨てられない共生社会の実現できる人として育てる教育です。それは言い換えると、あなた自身に対して、「〜しなさい」の文化から「考えなさい」の文化の構築へのパラダイム転換を求めている考え方の教育であるとも言えます。

　それは、子どもたちの有能な力を信じて、判断と決定、そして実行を子どもたちに任せるという、『学び合い』の３つの考え方を享受したあなた自身の「ぶれない考え」と「一貫した本気」に支えられることになります。

　教師が何とかしようと思っている限り、状況はあまり変化しませんが、教師には限界があるので子どもたちの力を信じて任せてみようと、発想を変えたとたんに、状況は劇的に改善します。

　それが、『学び合い』です。

　その『学び合い』の達人になるために、発想を変えた教師はいったい何をしているのか？

　本書では、その疑問に対する答えを提案してきました。

　『学び合い』は、教科の時間に学級づくりと道徳教育と生活指導・生徒指導をすべて同時に行う大胆な教育であるとも言えます。それはまさに、アクティブ・ラーニングで求められている「学修者が能動的に学修することによって、認知的、倫理的、社会的能力、教養、知識、経験を含めた汎用的能力の育成を図る」のうちの、特に「倫理的、社会的能力の汎用的能力の育成を図る」ことに合致します。

　学級づくりが基礎となって教科指導が行われるだけに、学級づくりがしっかりしていないことには、なかなか一人も見捨てられない教育が花開きません。

その意味では、学級づくりによって一人も見捨てられない教育の文化と近似的な文化をすでに構築されているクラスですと、爆発的でミラクルな子どもたちの様子が展開します。

一方、学級の持つ文化がそうでない場合には、学級文化を一人も見捨てられない教育の文化として構築するまでに少し時間がかかります。

短期間での効果を期待する場合には、異学年の『学び合い』がお薦めです。しかし、そうでない場合には、本書でも示したように「みんなが目標達成するにはどうしたらよいのだろうか、みんなで話し合ってみよう」という働きかけを繰り返して、子どもたち自身による子どもたち自身のための子どもたち自身のサポートとみんなができる学びを醸成していくことが必要です。

最後まで読んでくださったあなたが、目の前の子どもたちを、30年後の未来に一人も見捨てられない共生社会を実現している人材として育てるために、我々と一緒に歩みを進めてくれることを期待してやみません。

なお、『学び合い』授業の学習指導案（略案）のいくつかは、私がこれまでに全国各地で実施してきた『学び合い』ライブ出前授業の実践例として、http://taka433ki.jimdo.com/ に載せてあります。参考にしていただければ幸甚です。

最後になりましたが、本書の出版に当たっては大学教育出版の佐藤守様に大変お世話になりました。心から感謝申し上げます。

2016 年 7 月

筆者

■ 著者紹介

三崎　隆　（みさき　たかし）

1958 年新潟県生まれ。

信州大学学術研究院教育学系教授。博士（学校教育学）。

専門は臨床教科教育学、理科教育学。一人も見捨てない教育の実現を目指して、理論と実践の往還を進めている。

主な著書に「『学び合い』入門」、「はじめての人のための理科の授業づくり」（以上、大学教育出版）、「これだけは知っておきたい『学び合い』の基礎・基本」（学事出版）「教師のための『学び合い』コミュニティのつくり方」（北大路書房）「『学び合い』カンタン課題づくり」（学陽書房）等。

明日から使える『学び合い』の達人技術

2016 年 10 月 20 日　初版第 1 刷発行

■ 著　　者────三崎　隆
■ 発 行 者────佐藤　守
■ 発 行 所────株式会社 大学教育出版
　　　　　　　　〒 700-0953　岡山市南区西市 855-4
　　　　　　　　電話（086）244-1268　FAX（086）246-0294
■ 印刷製本────サンコー印刷㈱

©Takashi Misaki 2016, Printed in Japan

検印省略　　落丁・乱丁本はお取り替えいたします。

本書のコピー・スキャン・デジタル化等の無断複製は著作権法上での例外を除き禁じられています。本書を代行業者等の第三者に依頼してスキャンやデジタル化することは、たとえ個人や家庭内での利用でも著作権法違反です。

ISBN978 − 4 − 86429 − 408 − 9